CONTRE RÈGLES :

LES CARTES "PRISES" ET CARTES "PRISE DE FINITION" NE PEUVENT PAS ÊTRE PLACÉES SUR LA MEME ATTAQUE.

DÉROULEMENT D'UNE PARTIE :

PLACEMENT DES CATCHEURS :
LES DEUX JOUEURS PLACENT LEUR CARTE CATCHEUR SUR LE RING, AINSI QUE LE NOMBRE DE CARTES DIVISIONS NÉCESSAIRES ET CORRESPONDANTES. LE TYPE ET LE NOMBRE DE CARTES DIVISIONS EST INSCRIT EN BAS DE CHAQUE CARTE CATCHEUR.
SI LE JOUEUR NE POSSÈDE PAS ASSEZ DE CARTES DIVISIONS, IL NE POURRA PAS UTILISER SON CATCHEUR, ET DEVRA OPTER POUR UNE CARTE CATCHEUR MOINS COÛTEUSE.

DÉFINIR LE PREMIER JOUEUR :

POUR DÉTERMINER QUEL JOUEUR DÉBUTE LA PARTIE, CHAQUE JOUEUR LANCE UN DÉ. CELUI QUI OBTIENT LE CHIFFRE LE PLUS ÉLEVÉ, EST APPELÉ JOUEUR 1 ET ENGAGE LE COMBAT EN PREMIER.

UN "ASSAULT" :

LES JOUEURS S'AFRONTENT PAR ASSAULTS, CHACUN LEUR TOUR. QUAND UN JOUEUR ATTAQUE, SON ADVERSAIRE DÉFEND.
LE JOUEUR 1 LANCE LES DÉS ET ADDITIONNE LA SOMME DES DEUX DÉS. CETTE SOMME DEVIENT SA FORCE D'ASSAULT, ELLE DEVRA ÊTRE ADDITIONNÉE AUX POINTS D'ATTAQUES DE LA CARTE CATCHEUR.
AINSI, AVEC LA CARTE "CATCHEUR LENTEURTAKER", SI LE JOUEUR 1 OBTIENT UNE SOMME DE 10 AVEC LE LANCÉ DE DÉS, IL DEVRA AJOUTER +30POINTS DE DÉGATS SUPPLÉMENTAIRES.
LA FORCE D'ASSAULT SERA FINALEMENT DE +40POINTS.

* LE JOUEUR 1 PEUT RAJOUTER DES DÉGÂTS À SON ATTAQUE EN PLAÇANT UNE CARTE "PRISES" OU UNE CARTE "PRISE DE FINITION" .
* EN RETOUR, LE JOUEUR 2 PEUT PLACER UNE CARTE "CONTRE" POUR ANNULER L'ATTAQUE DE L'ADVERSAIRE.

SI LE JOUEUR 2 NE POSSÈDE PAS DE CARTE "CONTRE", IL DOIT ALORS SOUSTRAIRE LA FORCE D'ASSAULT AUX POINTS DE VIE DE SA CARTE "CATCHEUR".

POUR LE TOUR SUIVANT, LE JOUEUR 2 DEVIENT L'ATTAQUANT ET LE JOUEUR 1 DEVIENT LE DÉFENSEUR. LA PARTIE SE DÉROULE À TOUR DE RÔLE, JUSQU'À CE QUE L'UN DES DEUX CATCHEURS N'AIT PLUS DE POINTS DE VIE.

à vous de jouer !

WORLD CATCH MANIA

SCÉNARIO & COULEURS:

MICK

DESSINS:

PEDRO VALIENTE

À Mathys et Théo,
jeunes inspirateurs
de cette série.

KANTIK

Un grand merci à l'équipe Kantik et au boss pour avoir amené le projet jusque là.
Je remercie également mon frère Nicolas, et mes amis Christophe et Matthieu pour leur consulting et leur enthousiasme ^_^
Un gros bisou à ma Doudoune et à ma maman chérie.
Je remercie aussi Pedro qui transcende mes gags et merci à moi de les transcender encore plus avec la couleur ^_^
Un grand merci à toi lecteur, qui donnera sûrement la possibilité à ce tome d'en faire beaucoup d'autres...

Et un grand merci à tous ces catcheurs qui nous divertissent, au dépend parfois de leur santé, et qui font du catch un très grand spectacle populaire !

Un traditionnel remerciement aux groupes de musique qui m'ont suivi tout au long de l'album, comme Lamb of God, 3 Inch of Blood, Bullet for my Valentine et Ted Nugent, sans oublier Fozzy (dont Chris Jericho est le chanteur et fondateur)

Viendez faire un coucou sur > http://testiboule.canalblog.com

Mick

www.editions-kantik.fr
contact@editions-kantik.fr

Dépôt legal : Mai 2010
ISBN : 978-2-35708-016-4
Achevé d'imprimer en France par Jean-Lamour en Avril 2010

MESDAMES, MESDEMOISELLES...
...ET MESSIEURS.
HELLO TO YOU !
NOUS SOMMES FIERS DE VOUS CONVIER À... EUH... CET ALBUM QUI... ENFIN... DANS LA MESURE OÙ... PEUT-ÊTRE... JE...
PFFF...
MAIS FINISSEZ VOS PHRASES PHIL, LES GENS ATTENDENT, BON SANG !
ARRETEZ, VOUS ME FAITES PERDRE LE FIL...
ET EN PLUS VOUS FAITES DES CALEMBOURES ?! MAIS VOUS ÊTES BON POUR LA RETRAITE MON PAUVRE !
LES GENS S'IMPATIENTENT, ET MOI AUSSI !!! ON A UN ALBUM INCROYABLE À LIRE. ON A PAS VRAIMENT LE TEMPS D'ATTENDRE QUE MR RÉCHEAUX FASSE DES JEUX DE MOTS POURRIS !
ON EST LÀ POUR PRÉSENTER LES GAGS HILARANTS QUI SUIVENT. PAS POUR ENDORMIR LES GENS J'VOUS SIGNALE !!!
VEUILLEZ EXCUSER MON COLLÈGUE CHRIS ANIUS, IL EST SOUS TENSION. ON DOIT PRÉSENTER CET ALBUM D'UNE EXTRÊME QUALITÉ, DONC ON A LE TRAC, FORCÉMENT...
MOI J'ME CASSE...!

BATISTOR BOMB !

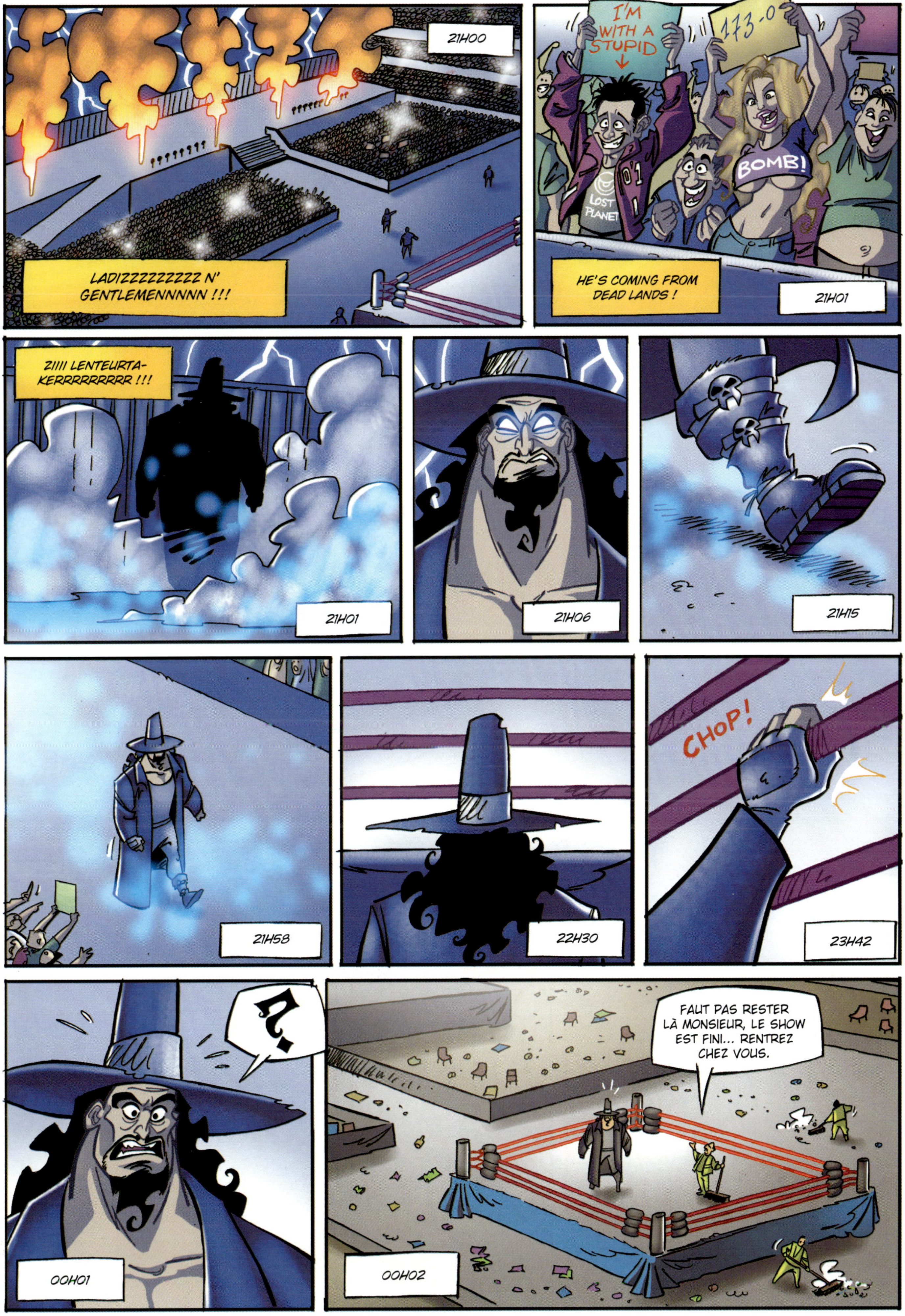
21H00
LADIZZZZZZZZZZ N' GENTLEMENNNNN !!!
I'M WITH A STUPID
173-0
LOST PLANET
BOMB!
HE'S COMING FROM DEAD LANDS !
21H01
ZIIII LENTEURTA-KERRRRRRRRR !!!
21H01
21H06
21H15
21H58
22H30
CHOP!
23H42
?
00H01
FAUT PAS RESTER LÀ MONSIEUR, LE SHOW EST FINI... RENTREZ CHEZ VOUS.
00H02

HUNTER SWEET HOME

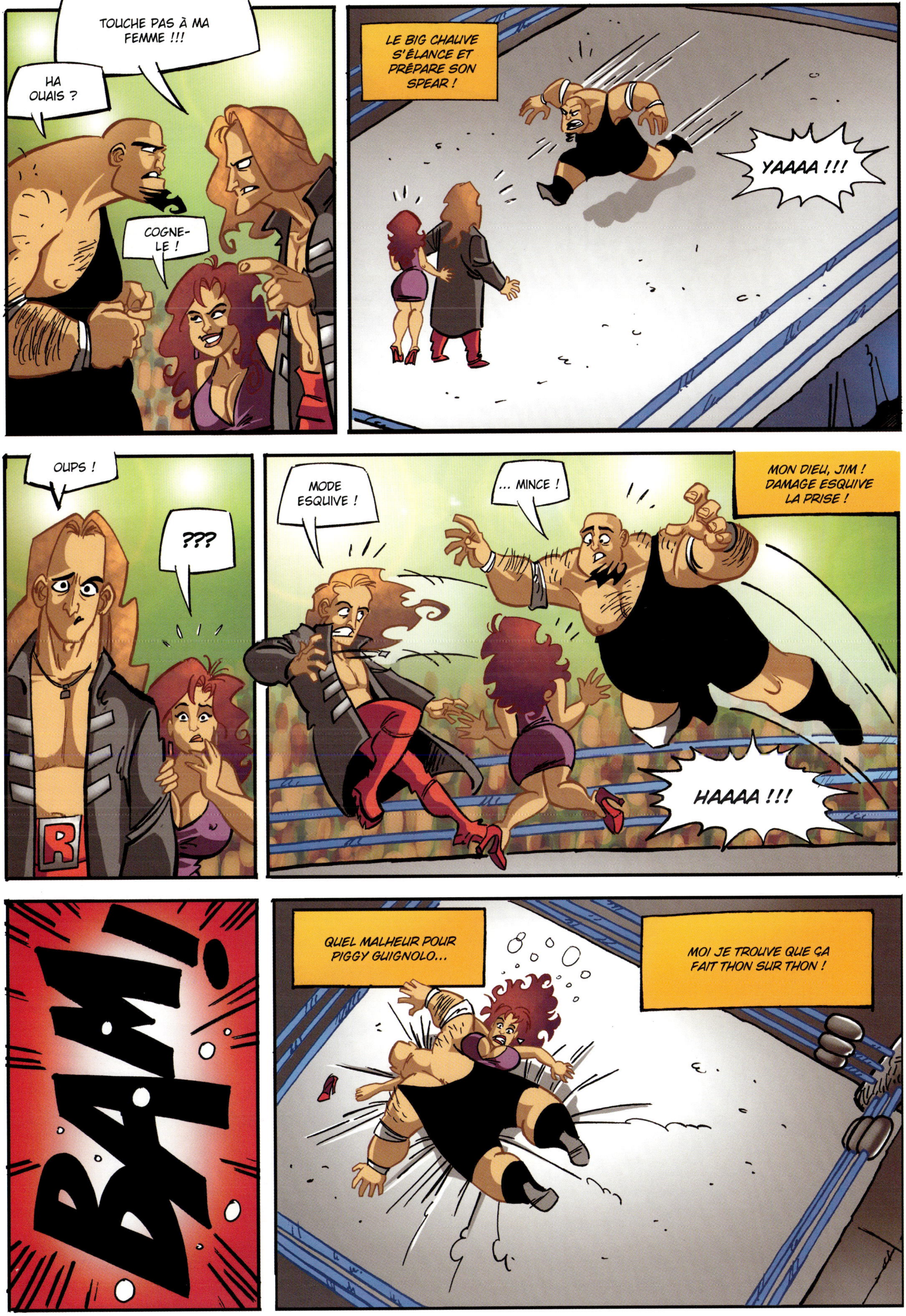
TOUCHE PAS À MA FEMME !!!
HA OUAIS ?
COGNE-LE !
LE BIG CHAUVE S'ÉLANCE ET PRÉPARE SON SPEAR !
YAAAA !!!
OUPS !
???
MODE ESQUIVE !
... MINCE !
MON DIEU, JIM ! DAMAGE ESQUIVE LA PRISE !
HAAAA !!!
BAM !
QUEL MALHEUR POUR PIGGY GUIGNOLO...
MOI JE TROUVE QUE ÇA FAIT THON SUR THON !

THERAPY?

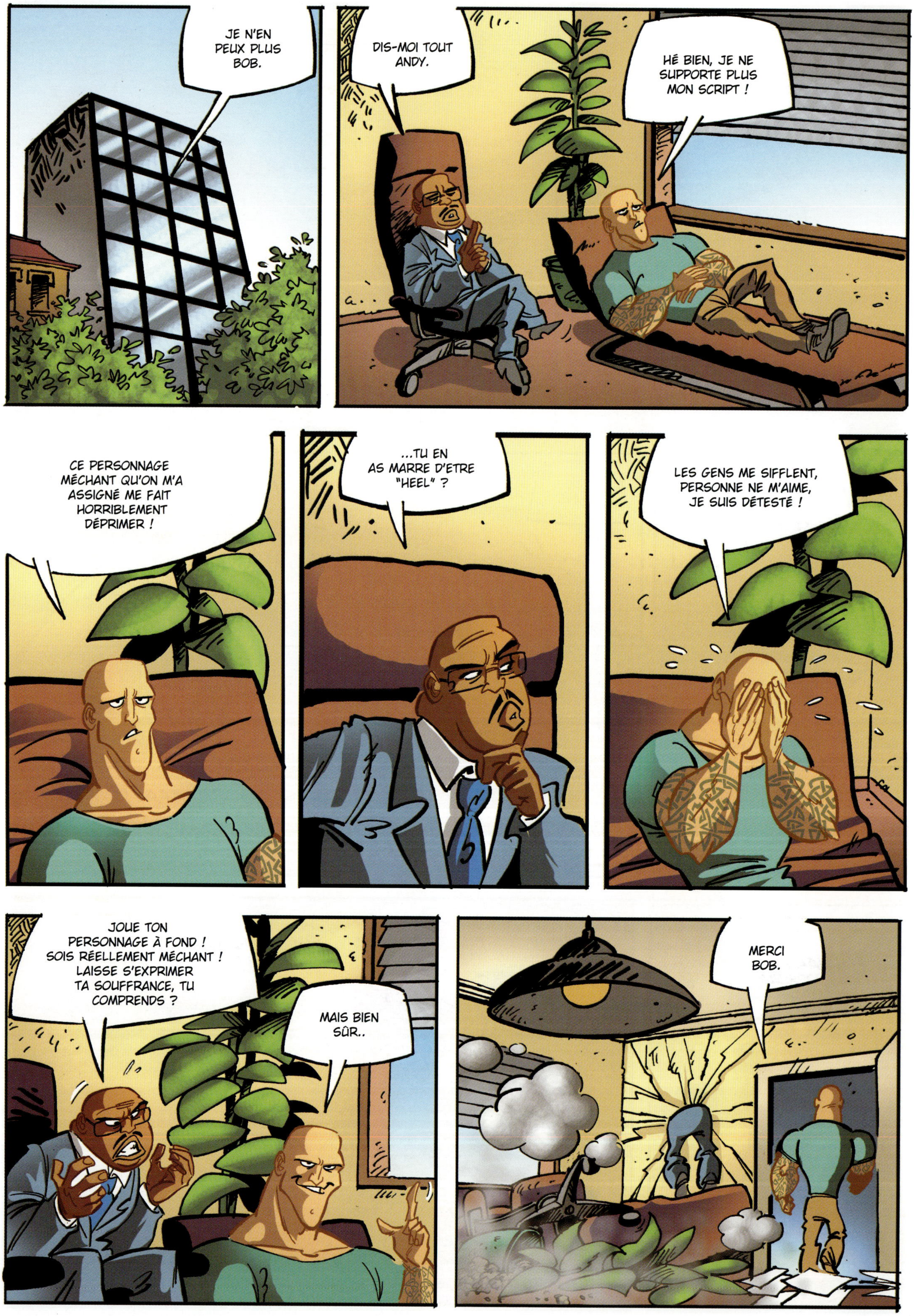

JE N'EN PEUX PLUS BOB.
DIS-MOI TOUT ANDY.
HÉ BIEN, JE NE SUPPORTE PLUS MON SCRIPT !
CE PERSONNAGE MÉCHANT QU'ON M'A ASSIGNÉ ME FAIT HORRIBLEMENT DÉPRIMER !
...TU EN AS MARRE D'ETRE "HEEL" ?
LES GENS ME SIFFLENT, PERSONNE NE M'AIME, JE SUIS DÉTESTÉ !
JOUE TON PERSONNAGE À FOND ! SOIS RÉELLEMENT MÉCHANT ! LAISSE S'EXPRIMER TA SOUFFRANCE, TU COMPRENDS ?
MAIS BIEN SÛR..
MERCI BOB.

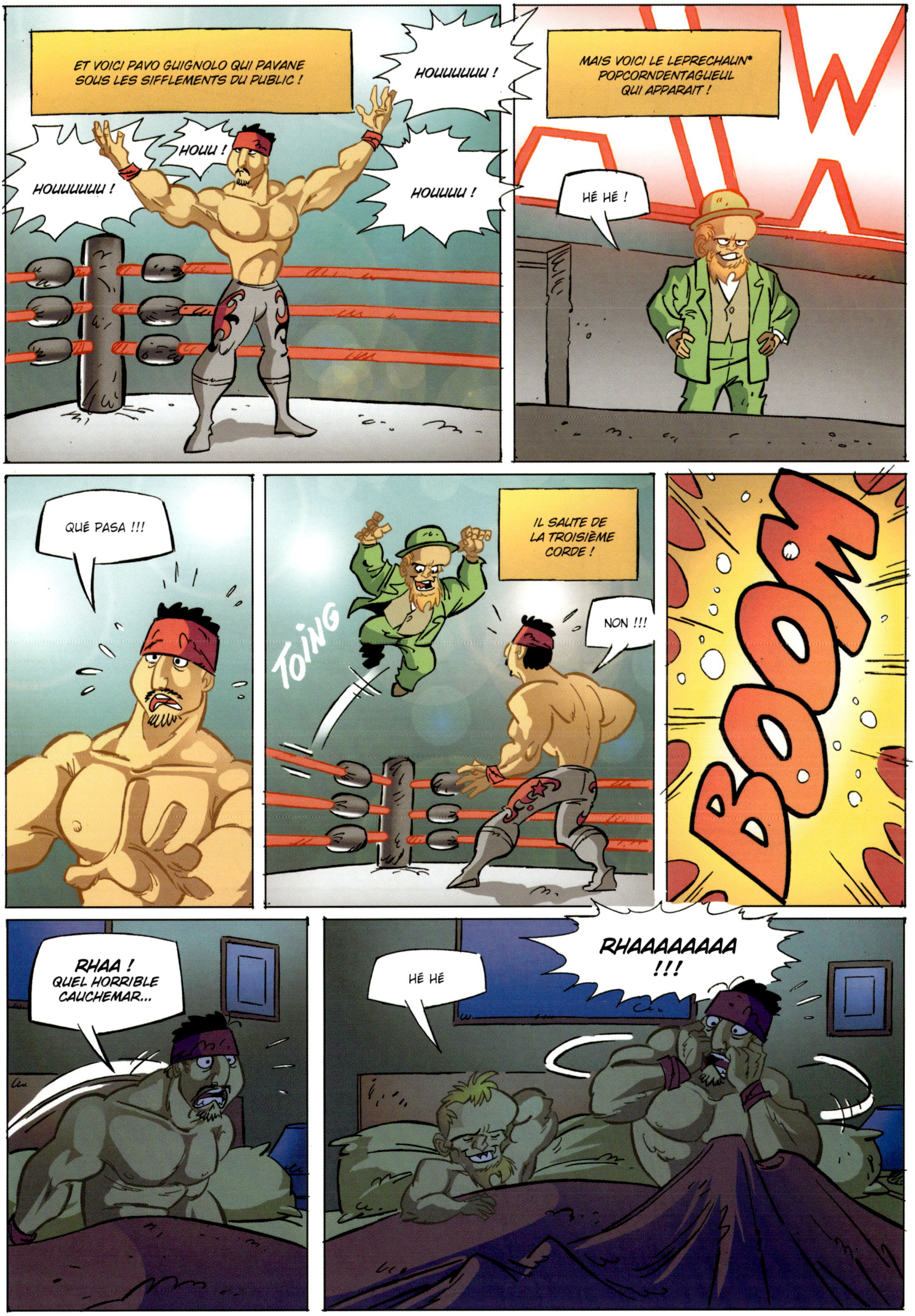

* NOM DES LUTINS IRLANDAIS

Career turn

ALLEZ, ALLEZ !
J'DONNE TOUT !
AU FAIT, ON FERA QUOI QUAND ON CATCHERA PLUS ?
CHÉ PAS...
ÇA ME TURLUPINE DE SAVOIR CE QU'IL Y A APRÈS LE CATCH.
C'EST SÛR !
J'ME DEMANDE CE QU'A FAIT BOULGAGA APRÈS LE CATCH POUR RESTER SUR LE DEVANT DE LA SCÈNE !
SUR PLACE OU À EMPORTER ?

C'EST PARTI POUR UNE JOURNÉE D'ENTRAÎNEMENT.
ÇA FAIT DU BIEN.
C'EST SURTOUT NÉCESSAIRE !
OUTCH OUTCH HAN HAN !
JE ME DEMANDE SI DES FOIS ON EN FAIT PAS UN PEU TROP !
T'ES OUF ! LES KIDS NOUS KIFFENT GRAVE, ON EST LEURS SUPERS HÉROS !
OUI JE SAIS BIEN MAIS...
DES FOIS J'AIMERAIS CHANGER MON QUOTIDIEN.
PAR EXEMPLE, LE BIG CHAUVE ON LE VOIT JAMAIS À LA SALLE DE MUSCULATION ?
C'EST NORMAL, IL S'ENTRAÎNE AUTREMENT LUI !
ÑAM!
GRONF!
CHOMP!
CHOMP!

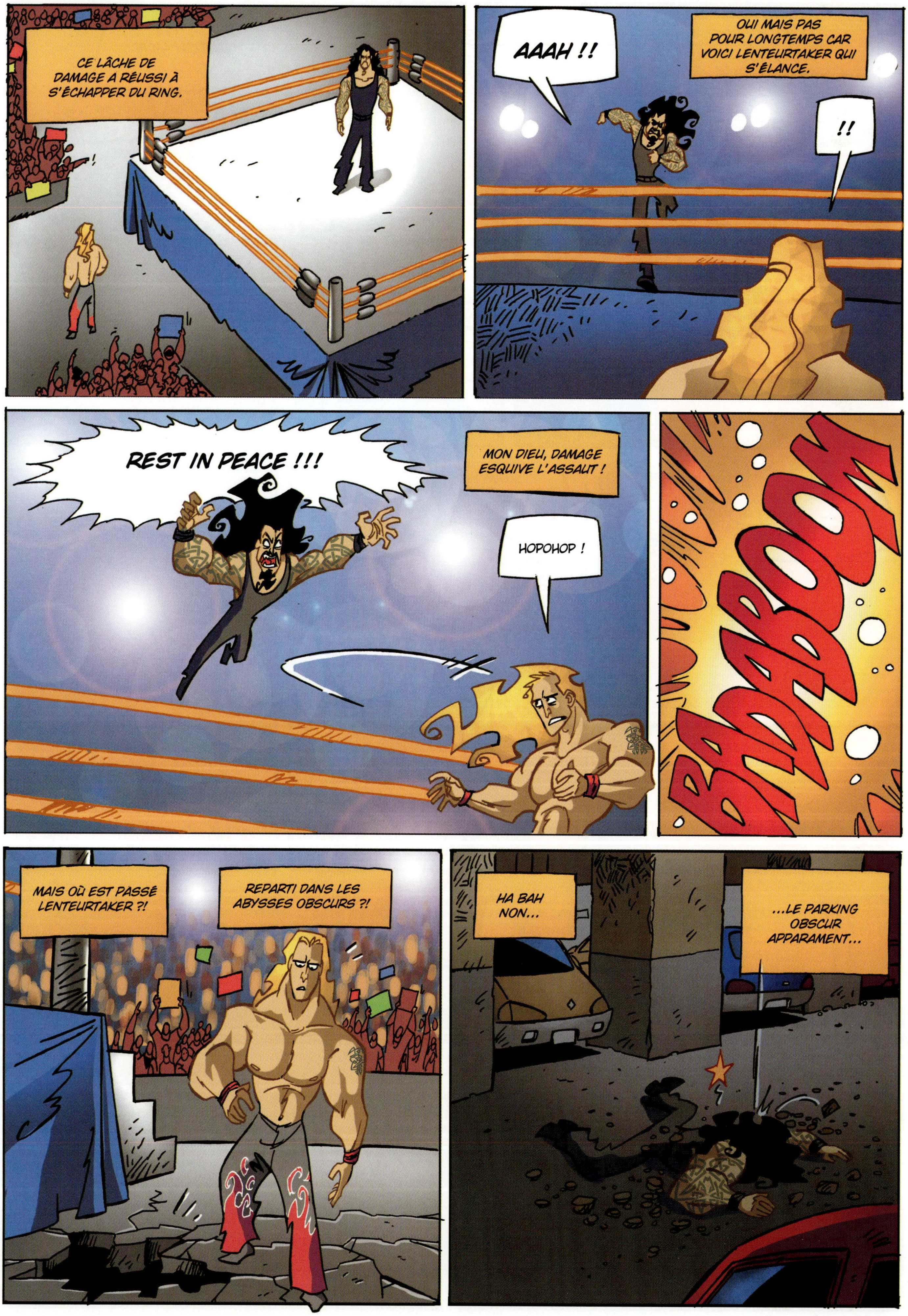
CE LÂCHE DE DAMAGE A RÉUSSI À S'ÉCHAPPER DU RING.
AAAH !!
OUI MAIS PAS POUR LONGTEMPS CAR VOICI LENTEURTAKER QUI S'ÉLANCE.
!!
REST IN PEACE !!!
MON DIEU, DAMAGE ESQUIVE L'ASSAUT !
HOPOHOP !
BADABOOM
MAIS OÙ EST PASSÉ LENTEURTAKER ?!
REPARTI DANS LES ABYSSES OBSCURS ?!
HA BAH NON...
...LE PARKING OBSCUR APPARAMENT...

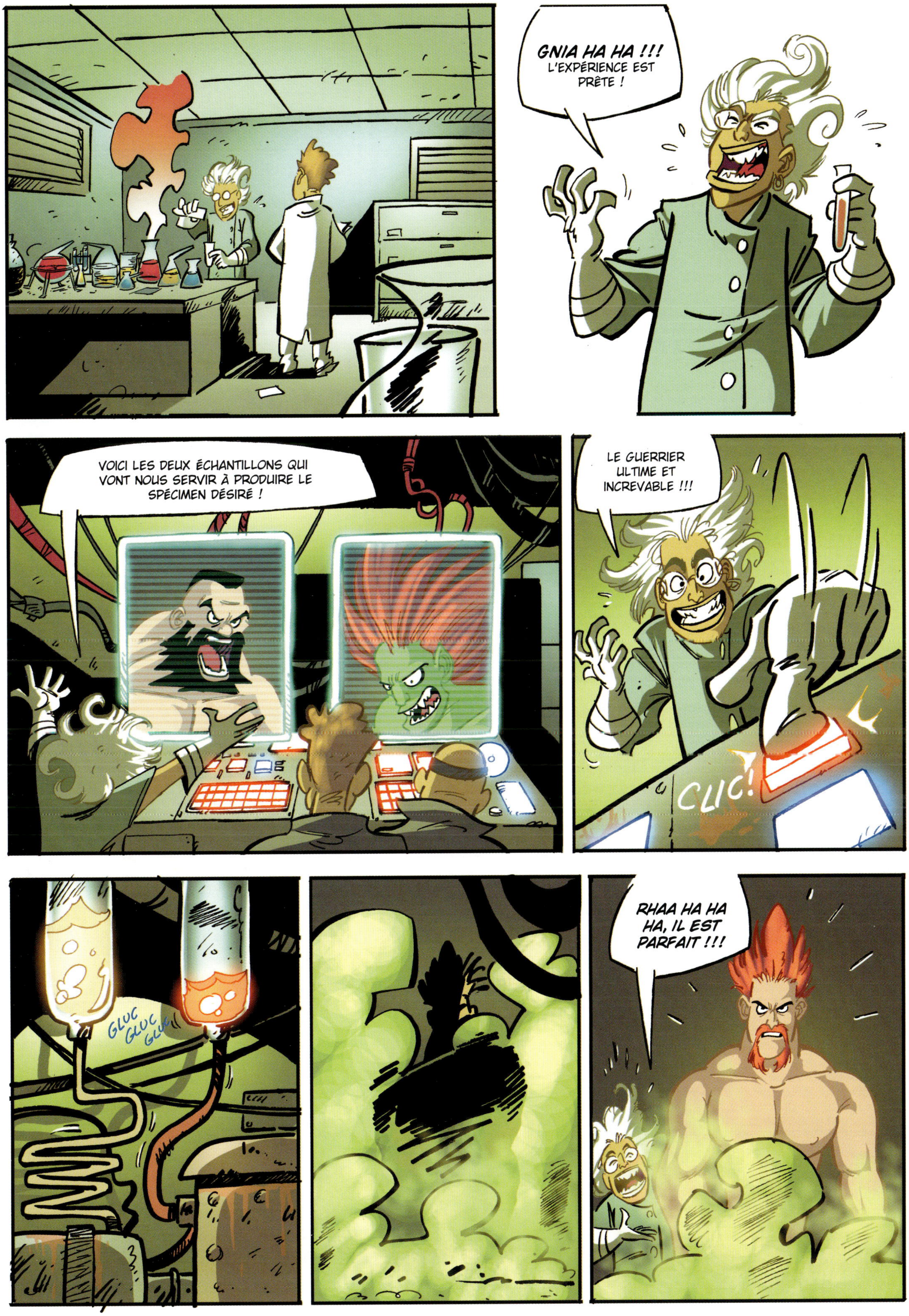
GNIA HA HA !!!
L'EXPÉRIENCE EST PRÊTE !
VOICI LES DEUX ÉCHANTILLONS QUI VONT NOUS SERVIR À PRODUIRE LE SPÉCIMEN DÉSIRÉ !
LE GUERRIER ULTIME ET INCREVABLE !!!
CLIC!
GLUC GLUC GLUC
RHAA HA HA HA, IL EST PARFAIT !!!

JUSQU'AU BOUT DU MONDE !

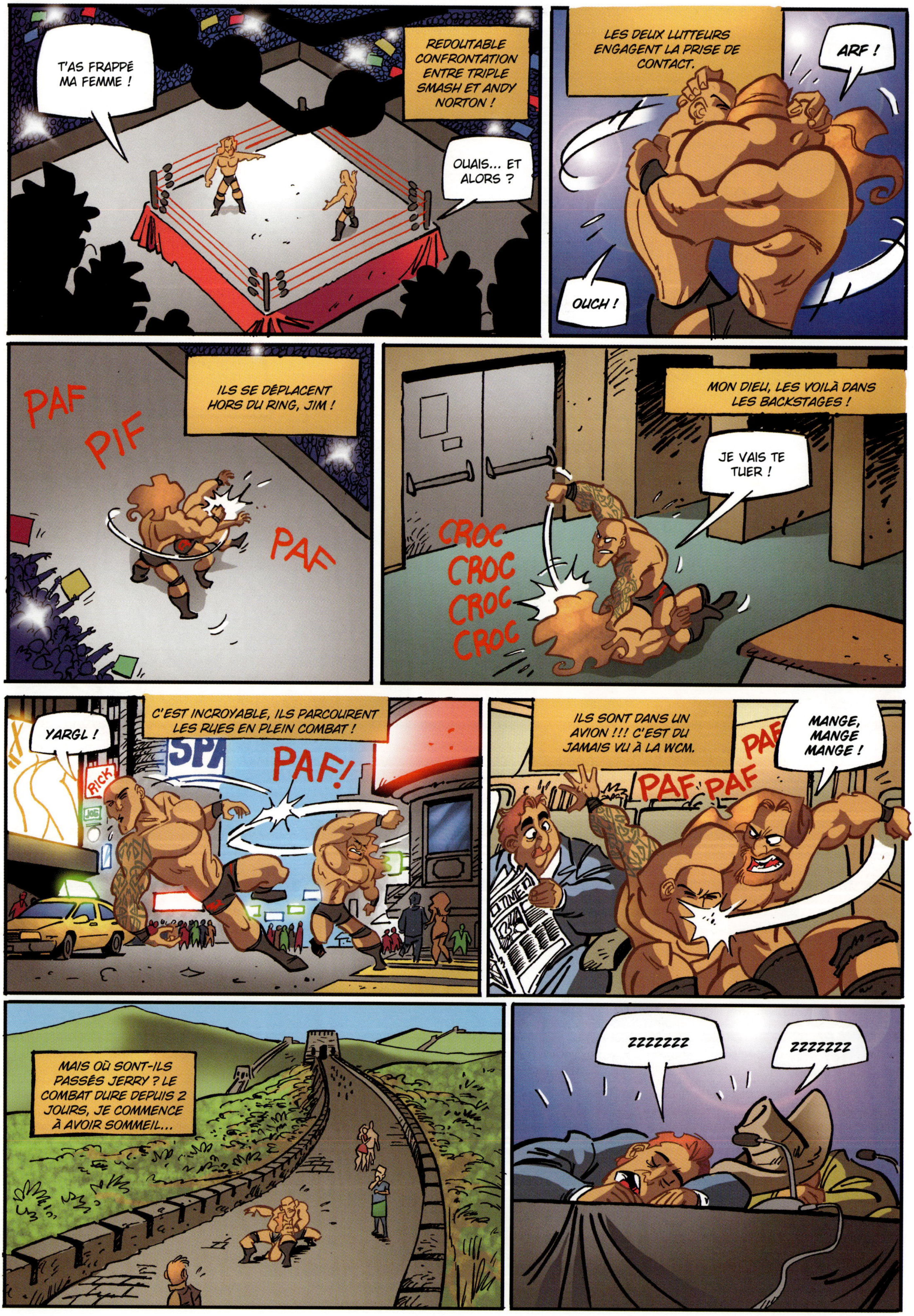

LES QUATRE COMBATTANTS ONT L'AIR DE S'OBSERVER...
PERSONNE N'OSE DÉBUTER LE MATCH ! LA TENSION EST PALPABLE...
MON DIEU ! ILS FONCENT TOUS SUR JOHNNY FISSA
... LE PAUVRE !
JIM, JE N'OSE IMAGINER LA DOULEUR DE L'IMPACT.
INCROYABLE !!! JOHNNY SE RELÈVE !
IL A L'AIR DE SOUFFRIR ! SA PRISE EST AU BORD DE LA RUPTURE !!!
MMMH !!
BAM
C'EST AFFREUX, IL S'EST FAIT ÉCRASER COMME UNE CRÊPE !
MÊME DANS LE CATCH, LA GRAVITÉ EST PRÉSENTE, JERRY !

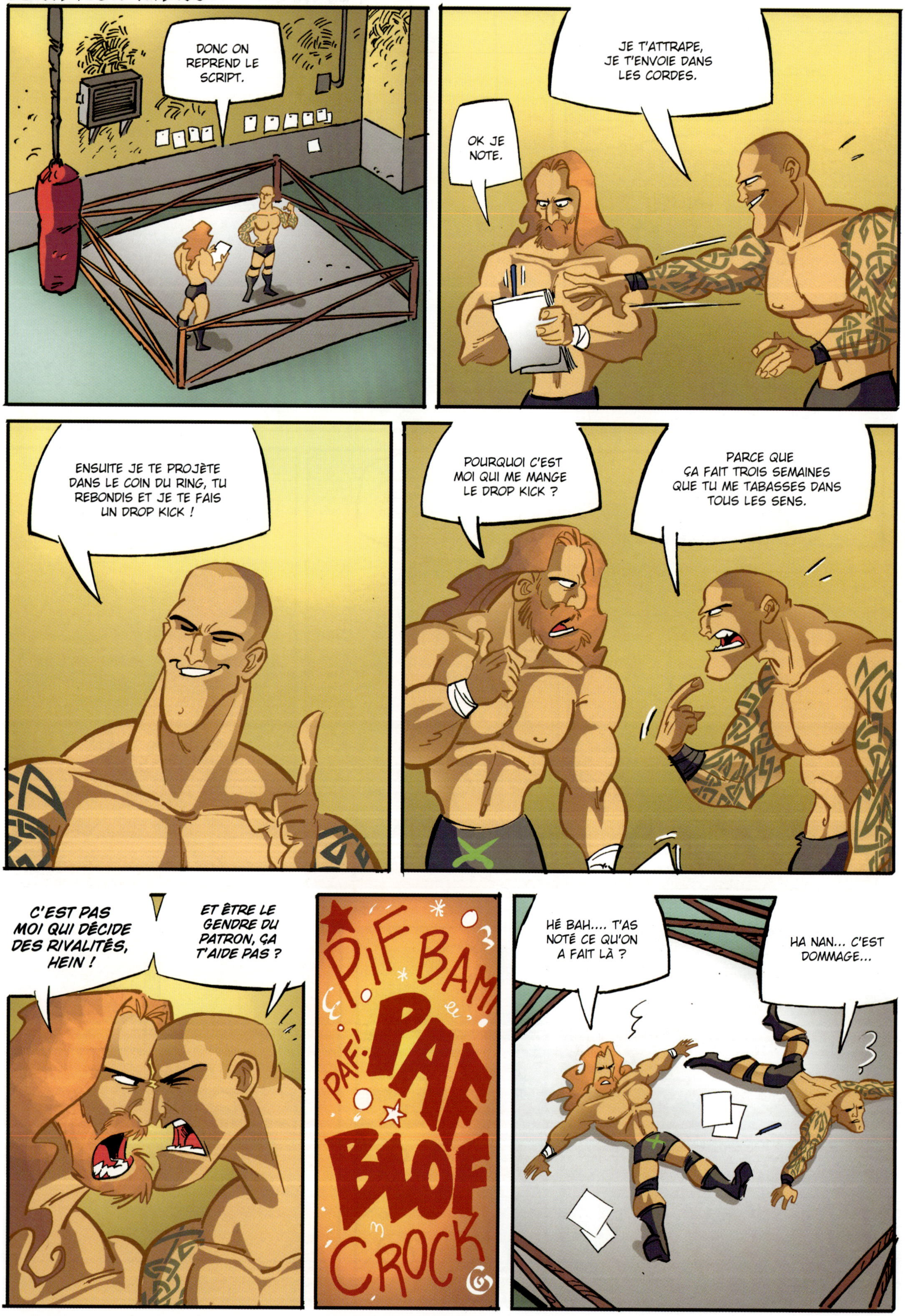
DONC ON REPREND LE SCRIPT.
JE T'ATTRAPE, JE T'ENVOIE DANS LES CORDES.
OK JE NOTE.
ENSUITE JE TE PROJÈTE DANS LE COIN DU RING, TU REBONDIS ET JE TE FAIS UN DROP KICK !
POURQUOI C'EST MOI QUI ME MANGE LE DROP KICK ?
PARCE QUE ÇA FAIT TROIS SEMAINES QUE TU ME TABASSES DANS TOUS LES SENS.
ET ÊTRE LE GENDRE DU PATRON, ÇA T'AIDE PAS ?
C'EST PAS MOI QUI DÉCIDE DES RIVALITÉS, HEIN !
PIF BAM! PAF! PAF BLOF CROCK
HÉ BAH.... T'AS NOTÉ CE QU'ON A FAIT LÀ ?
HA NAN... C'EST DOMMAGE...

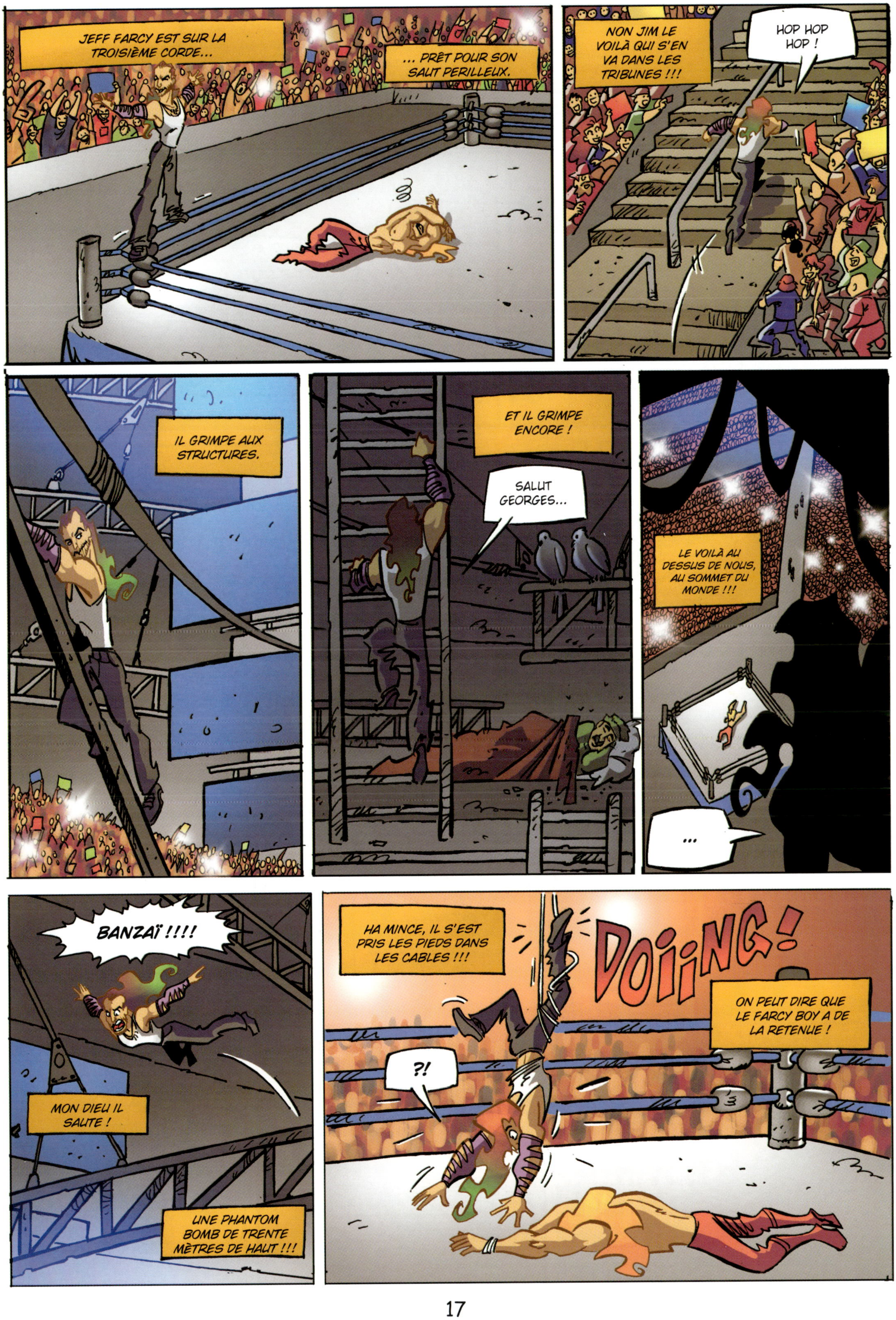
JEFF FARCY EST SUR LA TROISIÈME CORDE...
... PRÊT POUR SON SAUT PERILLEUX.
NON JIM LE VOILÀ QUI S'EN VA DANS LES TRIBUNES !!!
HOP HOP HOP !
IL GRIMPE AUX STRUCTURES.
ET IL GRIMPE ENCORE !
SALUT GEORGES...
LE VOILÀ AU DESSUS DE NOUS, AU SOMMET DU MONDE !!!
...
BANZAÏ !!!!
MON DIEU IL SAUTE !
UNE PHANTOM BOMB DE TRENTE MÈTRES DE HAUT !!!
HA MINCE, IL S'EST PRIS LES PIEDS DANS LES CABLES !!!
DOIiNG!
ON PEUT DIRE QUE LE FARCY BOY A DE LA RETENUE !
?!

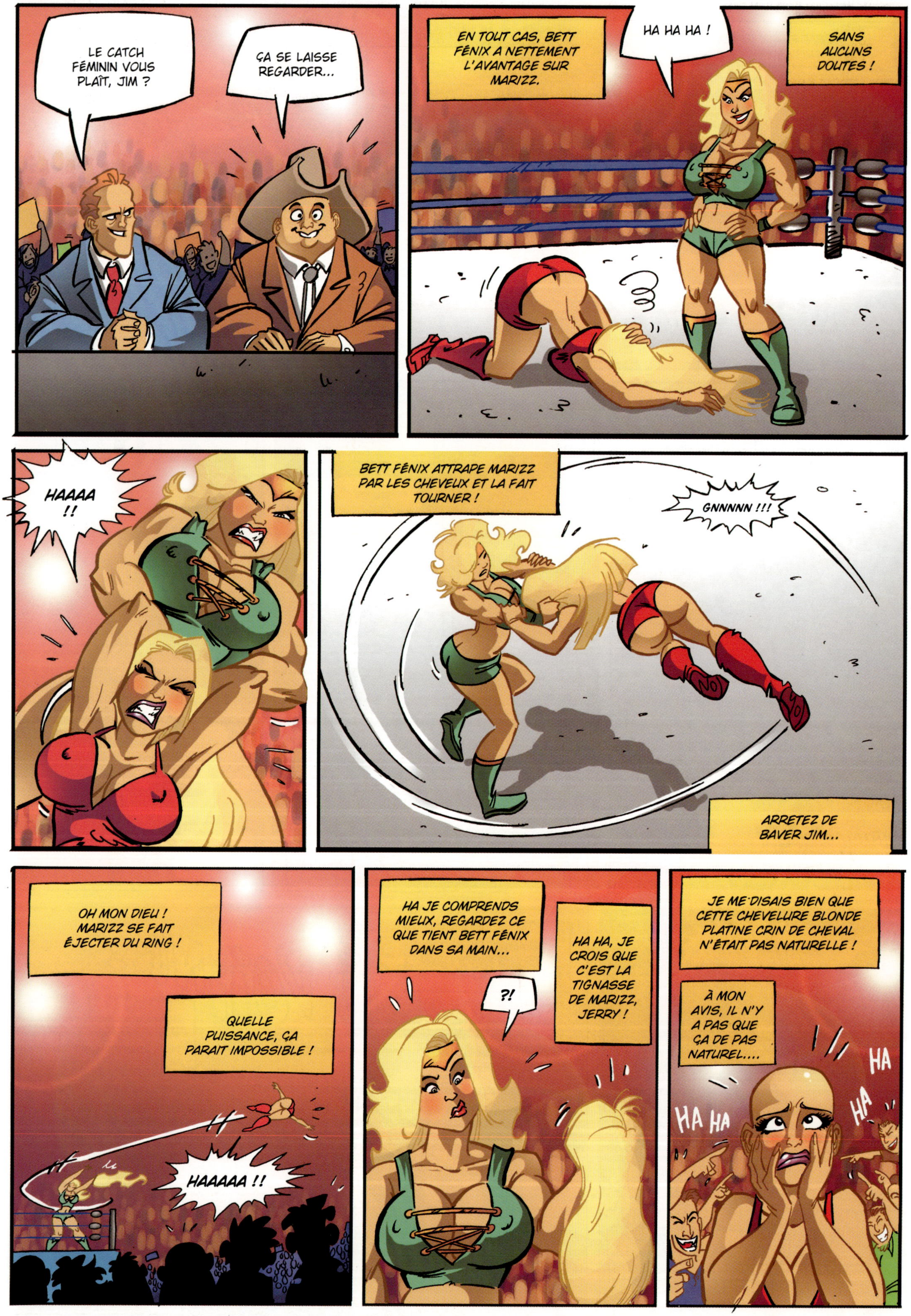
LE CATCH FÉMININ VOUS PLAÎT, JIM ?
ÇA SE LAISSE REGARDER...
EN TOUT CAS, BETT FÉNIX A NETTEMENT L'AVANTAGE SUR MARIZZ.
HA HA HA !
SANS AUCUNS DOUTES !
HAAAA !!
BETT FÉNIX ATTRAPE MARIZZ PAR LES CHEVEUX ET LA FAIT TOURNER !
GNNNNN !!!
ARRETEZ DE BAVER JIM...
OH MON DIEU ! MARIZZ SE FAIT ÉJECTER DU RING !
QUELLE PUISSANCE, ÇA PARAIT IMPOSSIBLE !
HAAAAA !!
HA JE COMPRENDS MIEUX, REGARDEZ CE QUE TIENT BETT FÉNIX DANS SA MAIN...
?!
HA HA, JE CROIS QUE C'EST LA TIGNASSE DE MARIZZ, JERRY !
JE ME DISAIS BIEN QUE CETTE CHEVELURE BLONDE PLATINE CRIN DE CHEVAL N'ÉTAIT PAS NATURELLE !
À MON AVIS, IL N'Y A PAS QUE ÇA DE PAS NATUREL....
HA HA
HA
HA

RUSSELLMANIA 24.
MAIS QUE FAIT SHOON MICHEL ?!
DESCENDS SHOON, TU ME FAIS PEUR !
ÇA M'INQUIÈTE JERRY !
RUSSELMANIA XXIV
I'M A SEXY BOY !
FLAIRE SEMBLE DÉCONTENANCÉ.
JE... VAIS MOURIR !
MAIS... QUE ?
MAIS NON !
KK PLUS PROTEIN
GLUC! GLUC! GLUC! GLUC!
KK PLUS PROTEIN
WHAT THE ???
RHAAAA !!
RIK FLAIRE EST DEVENU VERT !
ET EN FORME !
GREUH ?
OH MY GOD !!!
OH NON !
PRENDS ÇA !
!
BAM
VOUS CROYEZ QUE SHOON MICHEL VA BIEN ?
IL DOIT VOIR TRENTE SIX LUMIÈRES !
S'IL VOUS PLAIT, NE FAITES PAS ÇA CHEZ VOUS !

LE QUOTIDIEN NE FAIT PAS LE MOINE

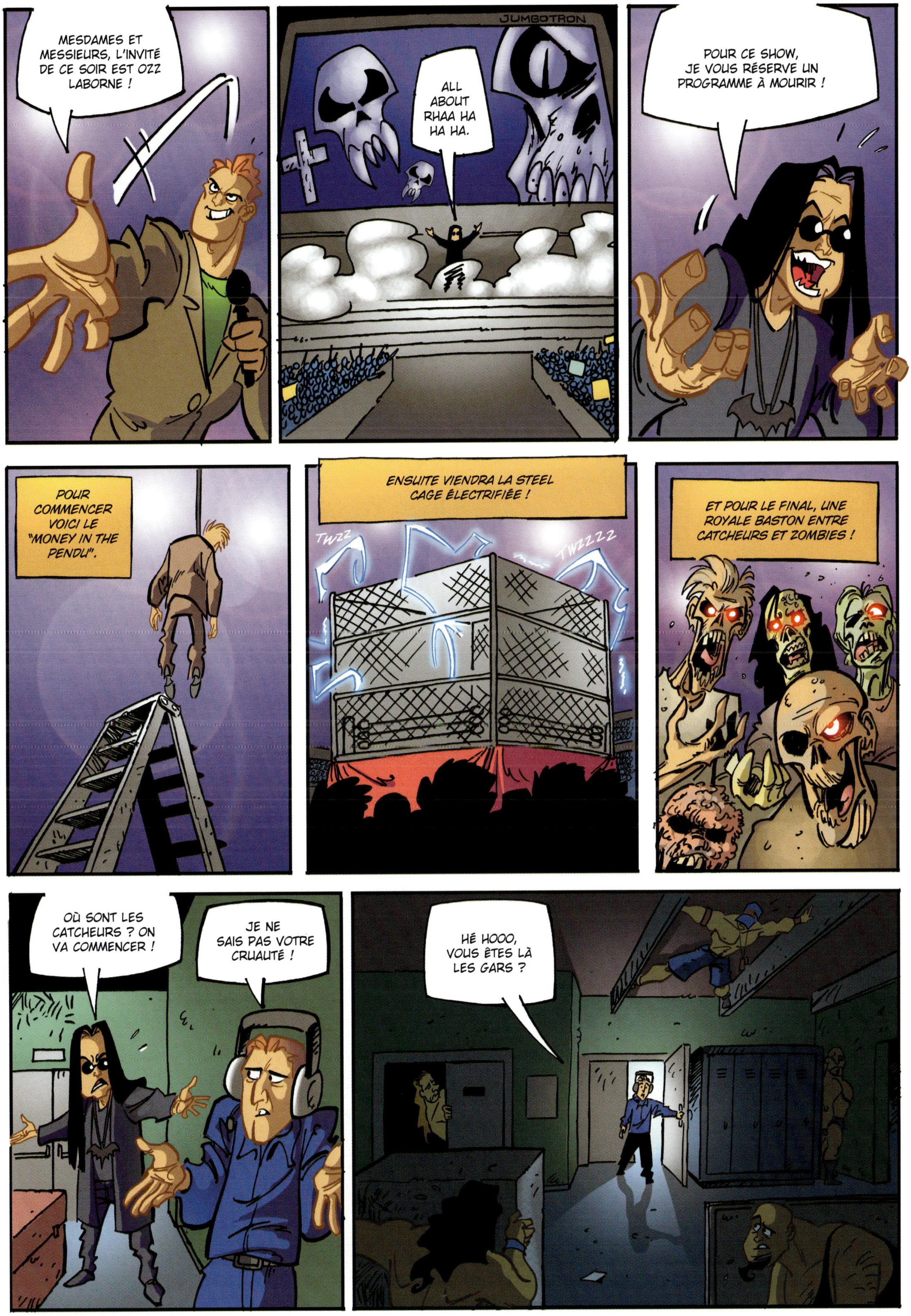
MESDAMES ET MESSIEURS, L'INVITÉ DE CE SOIR EST OZZ LABORNE !
JUMBOTRON
ALL ABOUT RHAA HA HA HA.
POUR CE SHOW, JE VOUS RÉSERVE UN PROGRAMME À MOURIR !
POUR COMMENCER VOICI LE "MONEY IN THE PENDU".
ENSUITE VIENDRA LA STEEL CAGE ÉLECTRIFIÉE !
TWZZ
TWZZZZ
ET POUR LE FINAL, UNE ROYALE BASTON ENTRE CATCHEURS ET ZOMBIES !
OÙ SONT LES CATCHEURS ? ON VA COMMENCER !
JE NE SAIS PAS VOTRE CRUAUTÉ !
HÉ HOOO, VOUS ÊTES LÀ LES GARS ?

STRESS EDGE

BONSOIR À TOUS ET MERCI D'ÊTRE VENUS.
MANCUSO AND SONS
BAR
MOTEL
RICK
CE GROUPE DE SOUTIEN EST CONSTITUÉ D'ALCOOLIQUES ET AUTRES DROGUÉS.
AA
MOI J'AI COMMENCÉ À SNIFER DE LA FARINE DÈS L'ÂGE DE 3 MOIS...
C'EST BIEN GILBERT, NOUS T'ÉCOUTONS...
AA
RHAAA HA HA !!! REGARDEZ-VOUS ! VOUS ÊTES TOUS DES TOXICOS, DES JUNKIES, DES CAMÉS ! VOUS N'AUREZ JAMAIS MON HYGIÈNE DE VIE IRRÉPROCHABLE ET SAINE ! CAR MOI... MOI... JE...
BOUHOUHOUHAAA ....
JE VOUS PRÉSENTE NOTRE NOUVEAU MEMBRE, MC FUNK, QUI SORT DE SA 73ÈME CURE DE DÉSINTOXICATION.
BIENVENUE !
BOUHOUHOU !
BIENVENUE !
BIENVENUE !

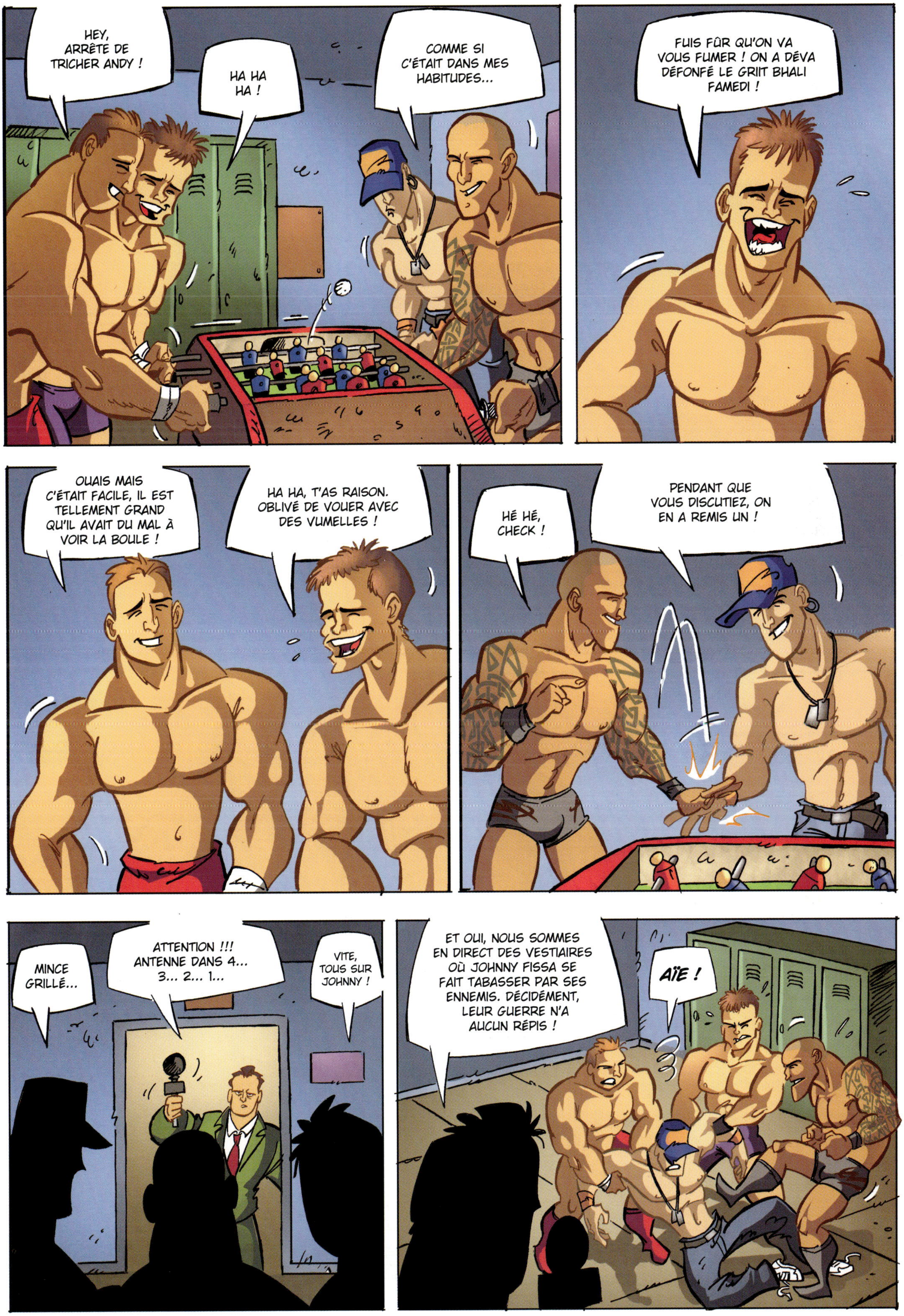
HEY, ARRÊTE DE TRICHER ANDY !
HA HA HA !
COMME SI C'ÉTAIT DANS MES HABITUDES...
FUIS FÛR QU'ON VA VOUS FUMER ! ON A DÉVA DÉFONFÉ LE GRIIT BHALI FAMEDI !
OUAIS MAIS C'ÉTAIT FACILE, IL EST TELLEMENT GRAND QU'IL AVAIT DU MAL À VOIR LA BOULE !
HA HA, T'AS RAISON. OBLIVÉ DE VOUER AVEC DES VUMELLES !
HÉ HÉ, CHECK !
PENDANT QUE VOUS DISCUTIEZ, ON EN A REMIS UN !
MINCE GRILLÉ...
ATTENTION !!! ANTENNE DANS 4... 3... 2... 1...
VITE, TOUS SUR JOHNNY !
ET OUI, NOUS SOMMES EN DIRECT DES VESTIAIRES OÙ JOHNNY FISSA SE FAIT TABASSER PAR SES ENNEMIS. DÉCIDÉMENT, LEUR GUERRE N'A AUCUN RÉPIS !
AÏE !

SUPPORT OUR TROOPS

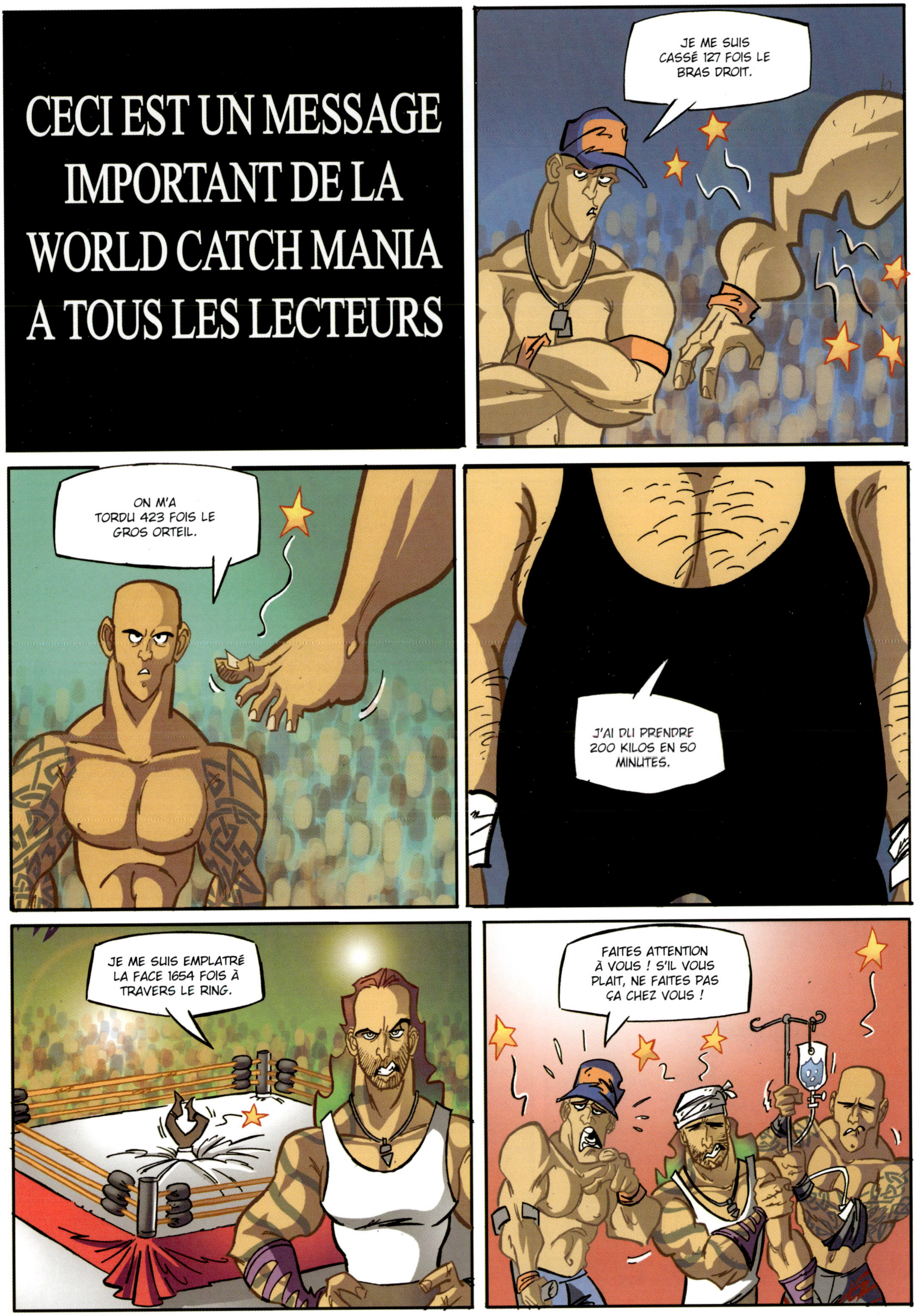
CECI EST UN MESSAGE IMPORTANT DE LA WORLD CATCH MANIA A TOUS LES LECTEURS
JE ME SUIS CASSÉ 127 FOIS LE BRAS DROIT.
ON M'A TORDU 423 FOIS LE GROS ORTEIL.
J'AI DU PRENDRE 200 KILOS EN 50 MINUTES.
JE ME SUIS EMPLATRÉ LA FACE 1654 FOIS À TRAVERS LE RING.
FAITES ATTENTION À VOUS ! S'IL VOUS PLAIT, NE FAITES PAS ÇA CHEZ VOUS !

JE TIENS À M'EXCUSER AUPRÈS DU LENTEURTAKER POUR LA TRICHERIE LORS DE SON MATCH CONTRE MC FUNK !
DOOONG !
MAIS... J'AI DIT QUE JE M'EXCUSAIS !
JE M'EXCUSE !!!
TIENS ??? VOUS FAITES DANS LES FRIGOS MAINTENANT ? HA HA HA !
HEIN ???
QUI PEUT ME TROUVER LE CRÉTIN DE L'ÉQUIPE TECHNIQUE QUI CONFOND LES CERCEUILS ET LES FRIGOS ?
MARK, T'ES ENCORE À L'ANTENNE !

PRÊTS POUR LE SUSHI MUSIC DE SHOON MICHEL ?
ATTENTION JIM !
BOM BOM
PAF
MON DIEU, LE BANDANA CACHAIT SA CALVITIE !
RHAAA HA HA !!
HOUUUUU !
ET UNE VICTOIRE DE SHOON MICHEL !
I'M SEXY BOY !
QUELQUES INSTANTS PLUS TARD...
BOUHOUHOU !
PLEURE PAS HUK, ON VIEILLIT TOUS !
TU CROIS QU'ON VA RÉUSSIR À CACHER LA MIENNE ENCORE LONGTEMPS ?
HA QUAND MÊME...

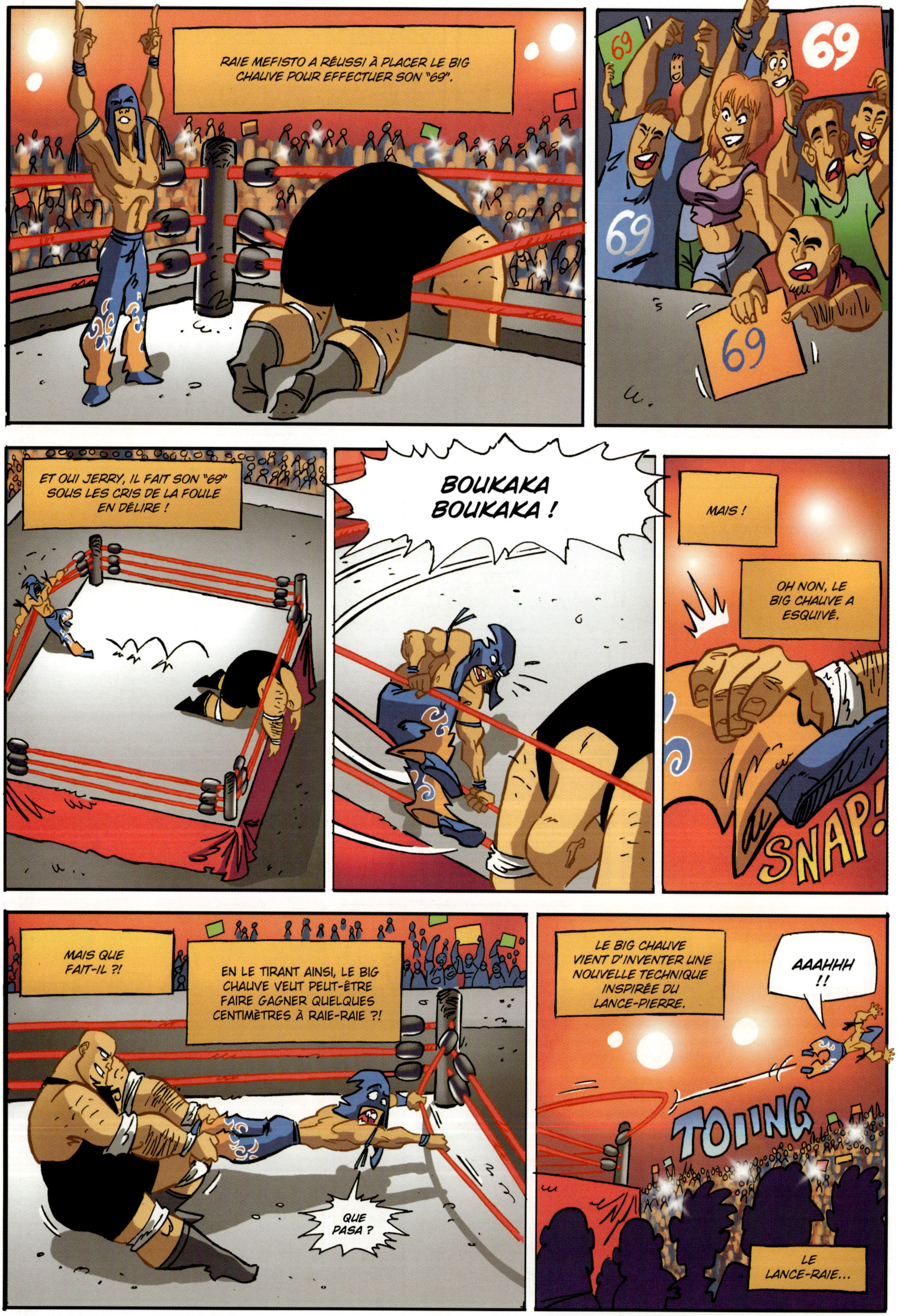
RAIE MEFISTO A RÉUSSI À PLACER LE BIG CHAUVE POUR EFFECTUER SON "69".
69
69
69
69
ET OUI JERRY, IL FAIT SON "69" SOUS LES CRIS DE LA FOULE EN DÉLIRE !
BOUKAKA BOUKAKA !
MAIS !
OH NON, LE BIG CHAUVE A ESQUIVÉ.
SNAP!
MAIS QUE FAIT-IL ?!
EN LE TIRANT AINSI, LE BIG CHAUVE VEUT PEUT-ÊTRE FAIRE GAGNER QUELQUES CENTIMÈTRES À RAIE-RAIE ?!
QUE PASA ?
LE BIG CHAUVE VIENT D'INVENTER UNE NOUVELLE TECHNIQUE INSPIRÉE DU LANCE-PIERRE.
AAAHHH !!
TOIIING
LE LANCE-RAIE...

OH MY GOD, UN MATCH PAR ÉQUIPE ENTRE LA XL ET JERICAN ET MIKE TISONE !
IRON MIKE EST DÉCIDÉ À COGNER !
MAIS QU'EST CE QUE ?... JERICAN NE VOIT PAS CE QUI SE TRAME DERRIÈRE LUI !
ON VA VOUS FUMER !
T'ES SÛR ?
MIKE PORTE DÉSORMAIS LES COULEURS DE LA XL, C'EST UN TRAQUENARD !
PAUVRE JERICAN ! IL N'A RIEN VU VENIR !
GRRR...
AU SECOURS !
GROK
...ENCORE UNE VICTOIRE DE LA XL.
JE NE L'ENTENDS PAS DE CETTE OREILLE JERRY !
XL

QUIPROQUO !

JOHNNY RISON CONSERVE SON TITRE !!!
TRÈS BELLE VICTOIRE JIM !
IL RÉCUPÈRE SA CEINTURE ET FÊTE SA VICTOIRE !
JOHNNY RISON EST VRAIMENT LE SHAMAN DU SEXE !
IL SALUE SON PUBLIC AVEC FIERTÉ.
IL EST TROP BEAU.
JE T'AIME !!!
QUELQUES INSTANTS PLUS TARD...
ILS M'ONT ADORÉ !
C'EST TELLEMENT RARE !
C'EST SÛR....

MON DIEU, BATISTOR EST DANS UNE COLÈRE NOIRE !
AÏE CARAMBA !
UNE VRAIE BÊTE !
BLAM
TU ÉTAIS SUPPOSÉ ÊTRE MON AMI !
RHAAAAAAA !!
BOMB
RAIE MEFISTO GÎT AU SOL, INCONSCIENT !
J'Y SUIS ALLÉ UN PEU FORT HIER SOIR...
RFGL... 'FOIRÉ !

TAPE L'INCRUSTE !

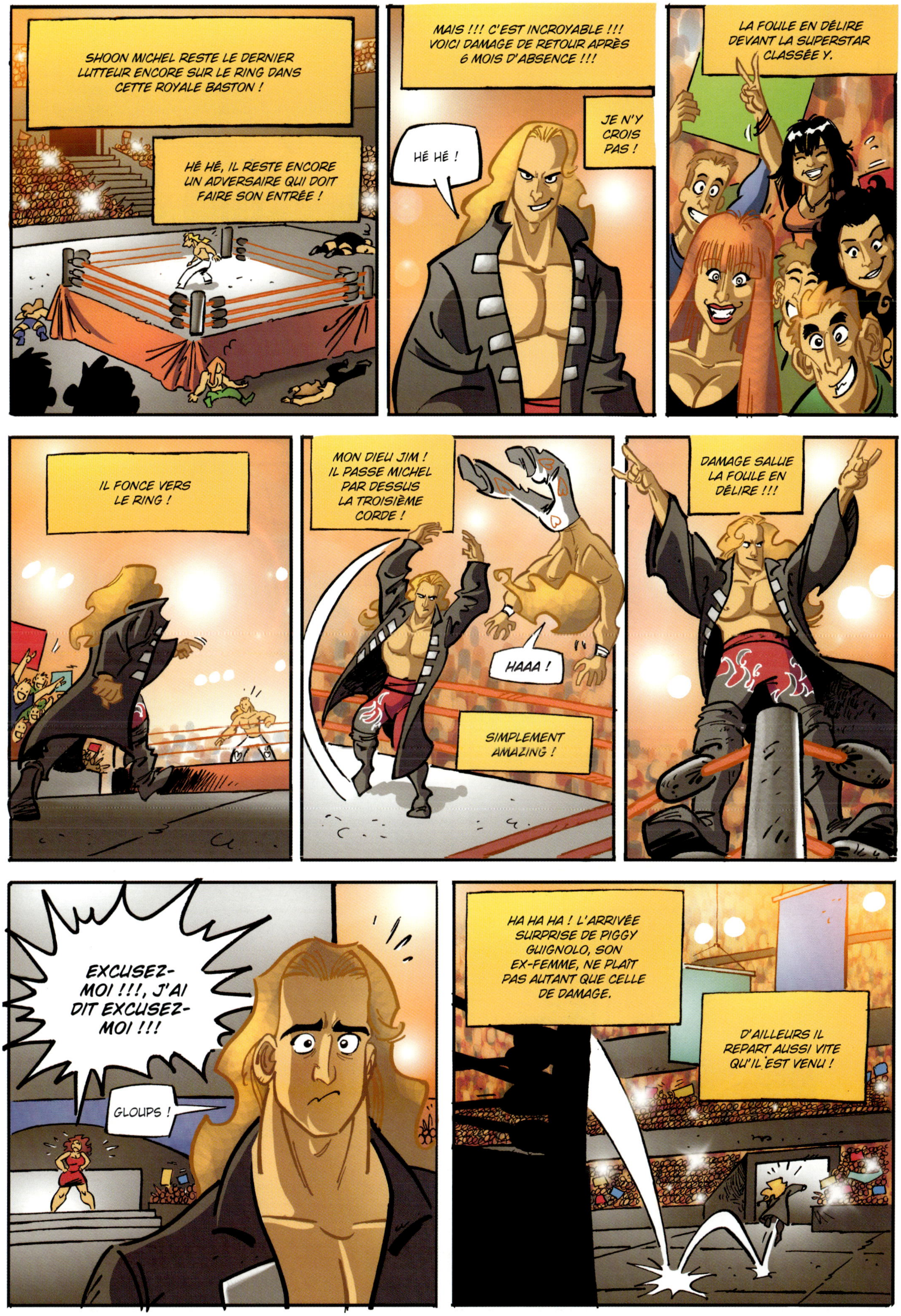
SHOON MICHEL RESTE LE DERNIER LUTTEUR ENCORE SUR LE RING DANS CETTE ROYALE BASTON !
HÉ HÉ, IL RESTE ENCORE UN ADVERSAIRE QUI DOIT FAIRE SON ENTRÉE !
MAIS !!! C'EST INCROYABLE !!! VOICI DAMAGE DE RETOUR APRÈS 6 MOIS D'ABSENCE !!!
JE N'Y CROIS PAS !
HÉ HÉ !
LA FOULE EN DÉLIRE DEVANT LA SUPERSTAR CLASSÉE Y.
IL FONCE VERS LE RING !
MON DIEU JIM ! IL PASSE MICHEL PAR DESSUS LA TROISIÈME CORDE !
HAAA !
SIMPLEMENT AMAZING !
DAMAGE SALUE LA FOULE EN DÉLIRE !!!
EXCUSEZ-MOI !!!, J'AI DIT EXCUSEZ-MOI !!!
GLOUPS !
HA HA HA ! L'ARRIVÉE SURPRISE DE PIGGY GUIGNOLO, SON EX-FEMME, NE PLAÎT PAS AUTANT QUE CELLE DE DAMAGE.
D'AILLEURS IL REPART AUSSI VITE QU'IL EST VENU !

HA HA HA ! ON EST PAS PRÈS DE LE REVOIR CE LUTIN.
C'EST CLAIR, MAIS JE CROIS QUE C'EST UN NAIN.
NAIN OU LUTIN IL A FOUTU LE CAMP !
SNARF SNARF, LOUPOK !
LOUPOK ?
BAM
NE METS PLUS NOS COULEURS.
ET ARRÊTE DE NOUS SUIVRE !
?!!... !

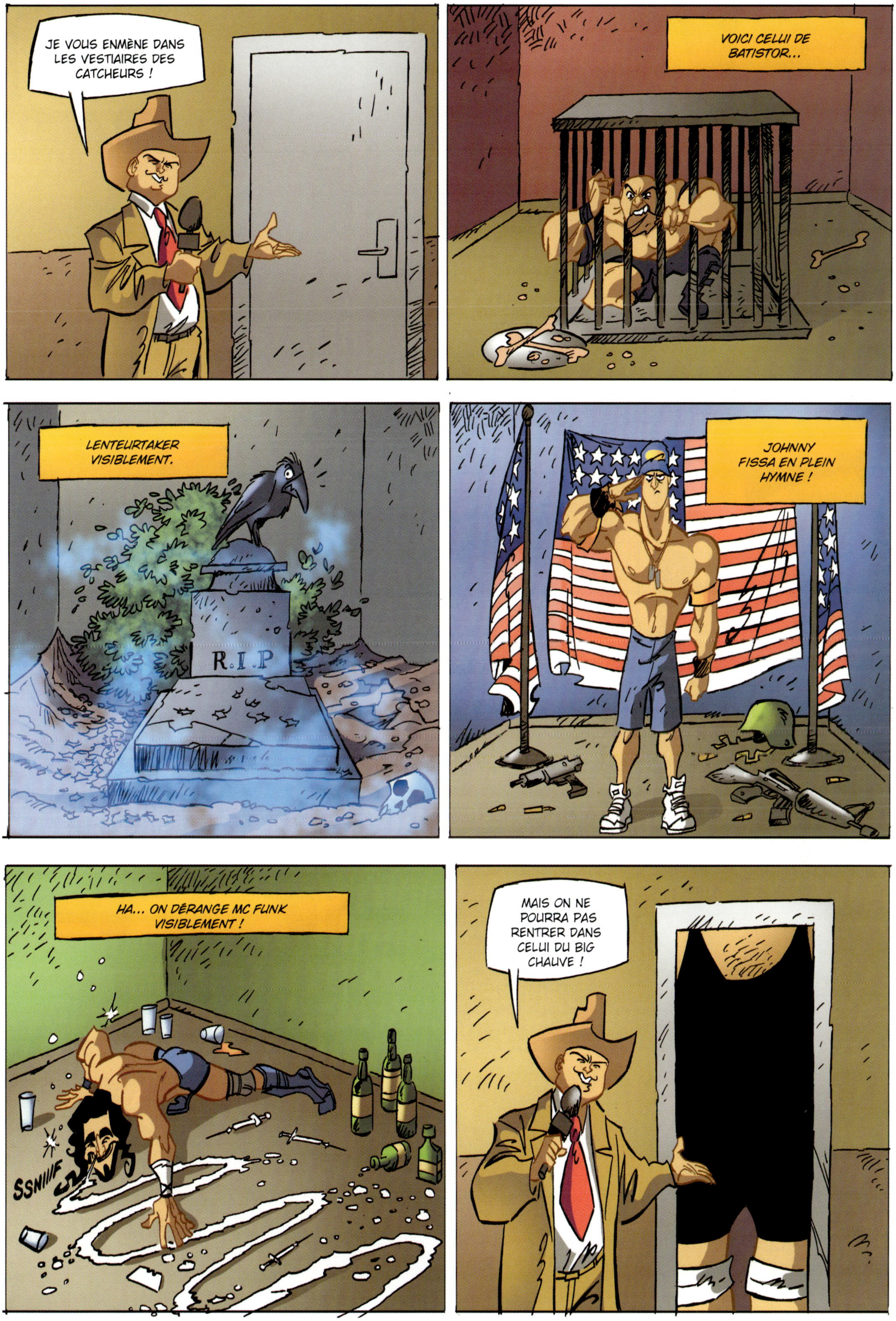
JE VOUS ENMÈNE DANS LES VESTIAIRES DES CATCHEURS !
VOICI CELUI DE BATISTOR...
LENTEURTAKER VISIBLEMENT.
R.I.P
JOHNNY FISSA EN PLEIN HYMNE !
HA... ON DÉRANGE MC FUNK VISIBLEMENT !
SSNIIIF
MAIS ON NE POURRA PAS RENTRER DANS CELUI DU BIG CHAUVE !

ESCARMOUCHE

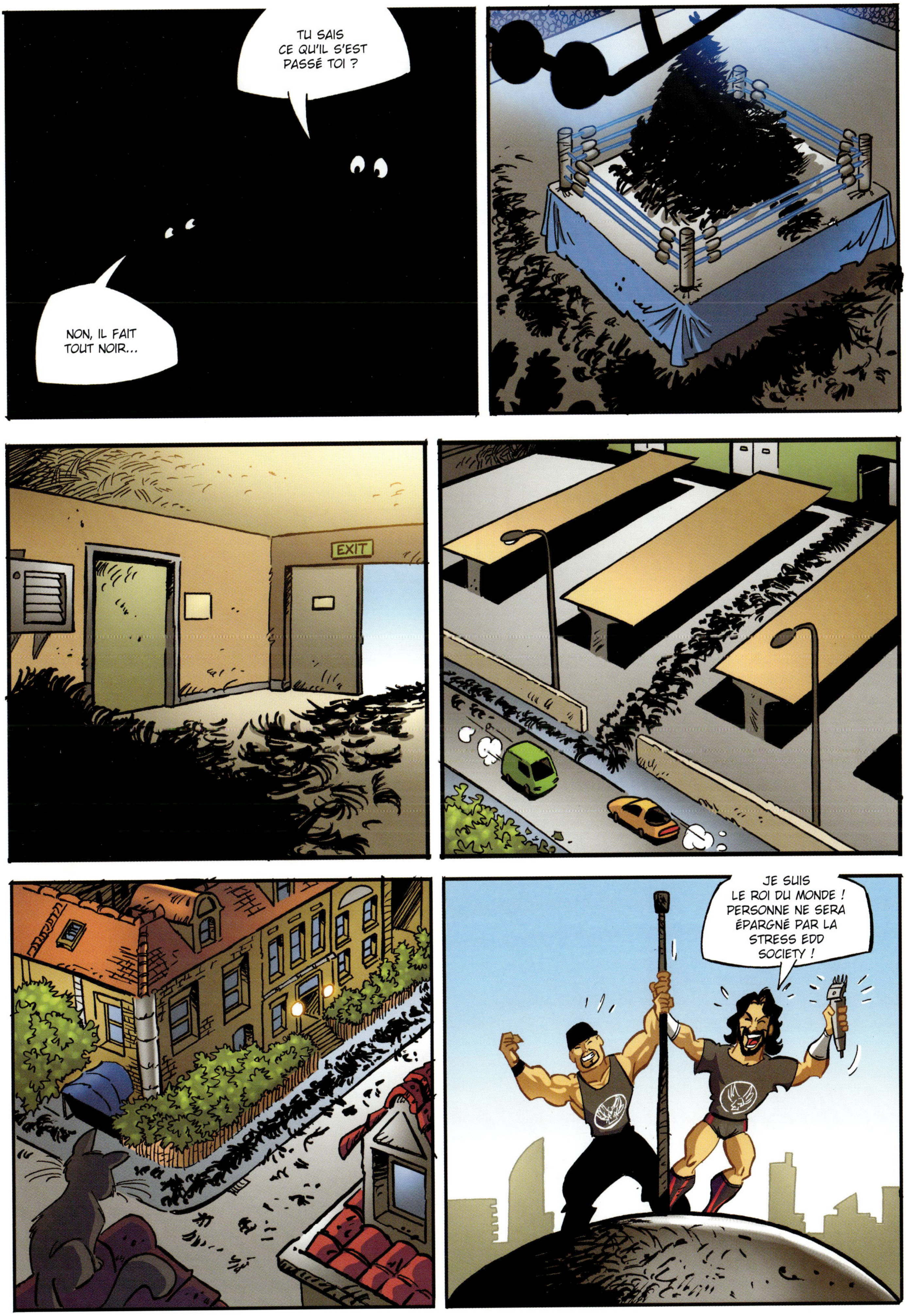
TU SAIS CE QU'IL S'EST PASSÉ TOI ?
NON, IL FAIT TOUT NOIR...
EXIT
JE SUIS LE ROI DU MONDE ! PERSONNE NE SERA ÉPARGNÉ PAR LA STRESS EDD SOCIETY !

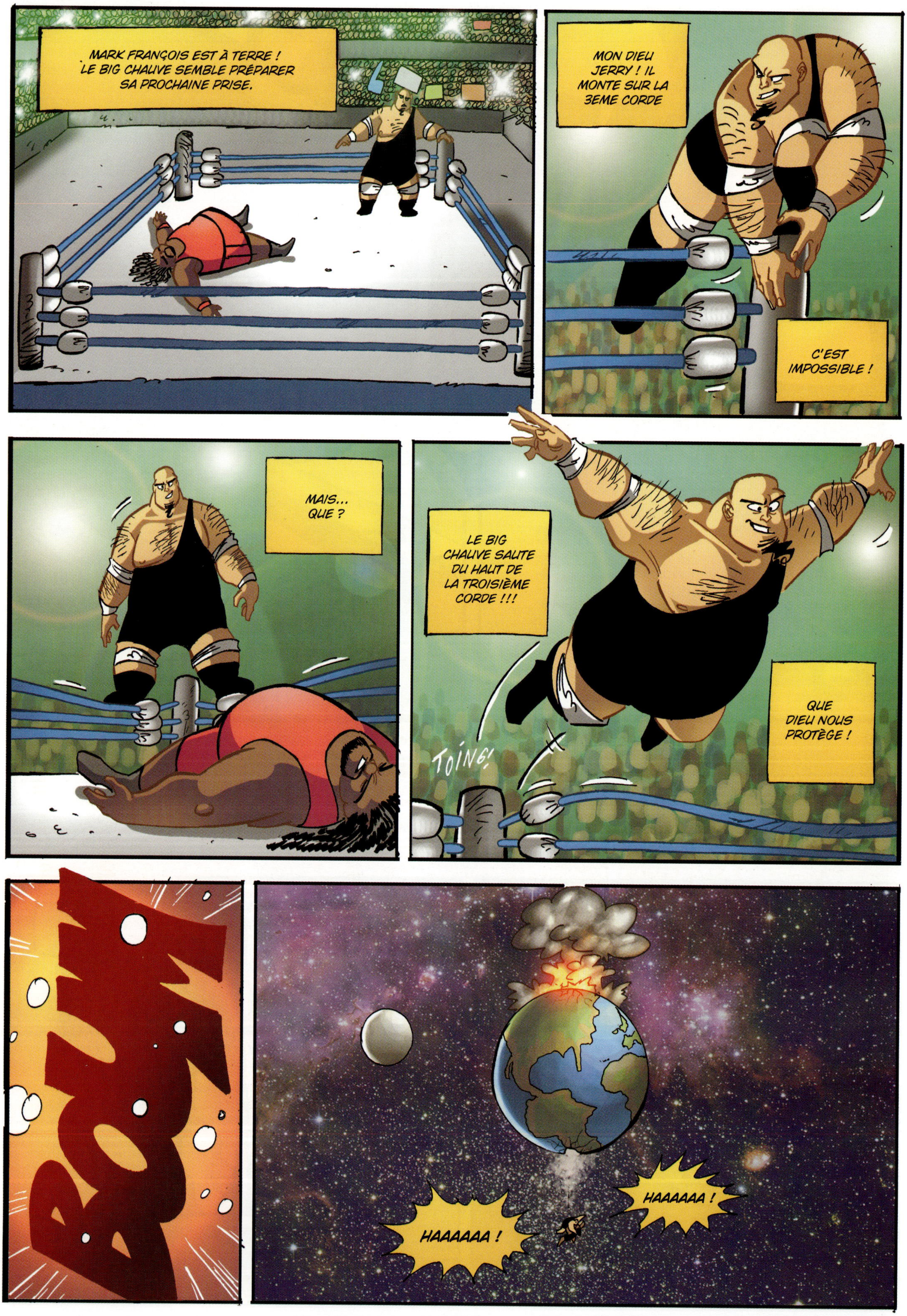
MARK FRANÇOIS EST À TERRE ! LE BIG CHAUVE SEMBLE PRÉPARER SA PROCHAINE PRISE.
MON DIEU JERRY ! IL MONTE SUR LA 3EME CORDE
C'EST IMPOSSIBLE !
MAIS... QUE ?
LE BIG CHAUVE SAUTE DU HAUT DE LA TROISIÈME CORDE !!!
QUE DIEU NOUS PROTÈGE !
TOING!
BOUM
HAAAAAA !
HAAAAAA !

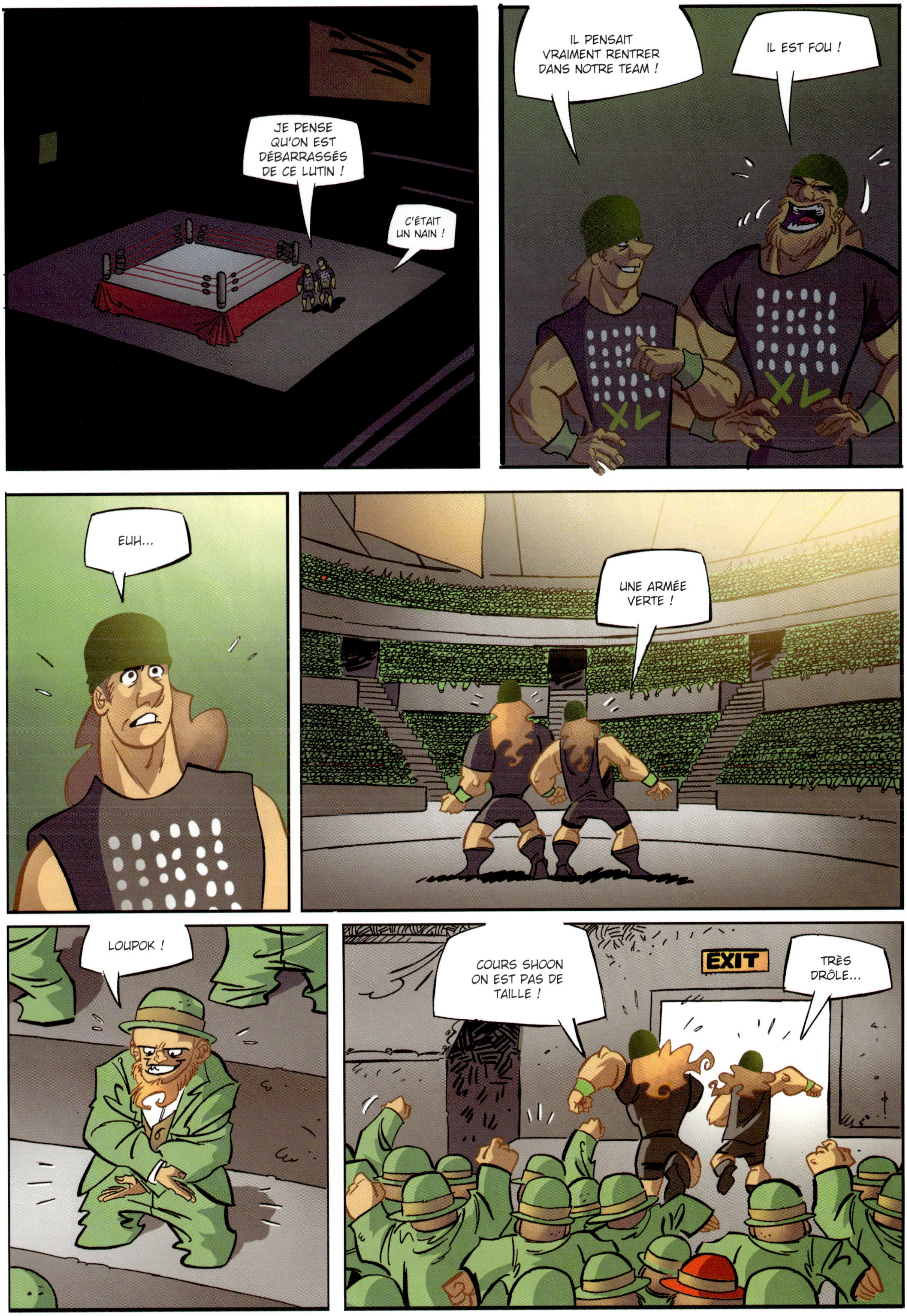
JE PENSE QU'ON EST DÉBARRASSÉS DE CE LUTIN !
C'ÉTAIT UN NAIN !
IL PENSAIT VRAIMENT RENTRER DANS NOTRE TEAM !
IL EST FOU !
EUH...
UNE ARMÉE VERTE !
LOUPOK !
COURS SHOON ON EST PAS DE TAILLE !
EXIT
TRÈS DRÔLE...

L'AFFRONTEMENT DÉBUTE, JERRY !
JOHNNY FISSA EST TOUJOURS PRISONNIER DE SA CELLULE !
TRIPLE SMASH ATTRAPE COFFEE RINGTONES !
LA FOULE EN DÉLIRE APPRÉCIE LE COMBAT RICHE EN REBONDISSEMENTS.
HHH!
FLY LIKE A BIRD!
IL NE RESTE PLUS QUE ASPIRINUS EMPRISONNÉ.
J'AI L'IMPRESSION QUE LES CATCHEURS ONT UNE STRATÉGIE JIM !
OUI ILS ATTENDENT ENSEMBLE LA SORTIE D'ASPIRINUS.
MAIS QUE ???
JERRY, LES CATCHEURS ONT L'AIR SURPRIS.
MESDAMES ET MESSIEURS, ASPIRINUS S'EST VÉRITABLEMENT ENDORMI DANS SA CELLULE.
LE RÉVEIL VA ÊTRE DOULOUREUX !

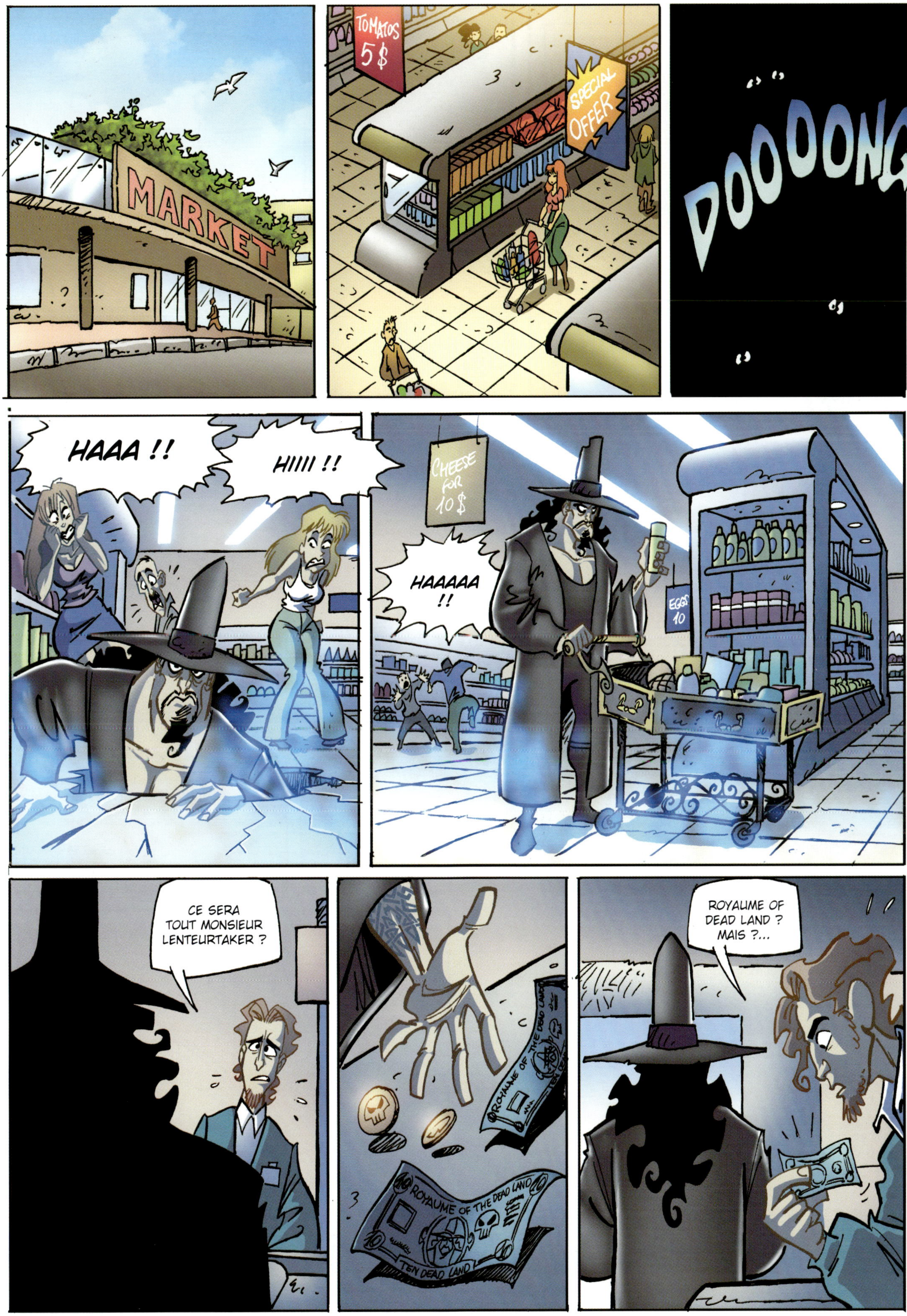
MARKET
TOMATOS 5 $
SPECIAL OFFER
DOOOONG
HAAA !!
HIIII !!
CHEESE FOR 10 $
HAAAAA !!
EGGS 10
CE SERA TOUT MONSIEUR LENTEURTAKER ?
ROYAUME OF THE DEAD LAND
TEN DEAD LAND
ROYAUME OF DEAD LAND ? MAIS ?...

HERE'S A NEW CHALLENGER !

TRIPLE SMASH ABANDONNE !!
QUELLE VICTOIRE DE JOHNNY FISSA POUR CETTE CHAMBRE D'ÉLIMINATION !
TAP TAP TAP
LE VOILÀ CHAMPION DE LA WCM.
BIEN JOUÉ JOHNNY, TU VAS DEVOIR DÉFENDRE TON TITRE CONTRE BATISTOR, RIGHT NOW !
MON DIEU, COMMENT VA T-IL FAIRE ?
JOHNNY FISSA N'A PAS LA FORCE D'AFFRONTER BATISTOR !
BIEN SÛR QUE NON !
LE MATCH EST PERDU D'AVANCE !
GNÉ HÉ HÉ.
BATISTOR S'ÉLANCE ! MON DIEU !
HAAAAAAAAA !!
JOHNNY FISSA S'ÉVANOUIT !
CROC !
QUEL CHOC !
C'EST PAS CROYABLE, JOHNNY EST LE VAINQUEUR !
C'EST IMPROBABLE MAIS C'EST DU CATCH !!!

DISPARITION MYSTÉRIEUSE !

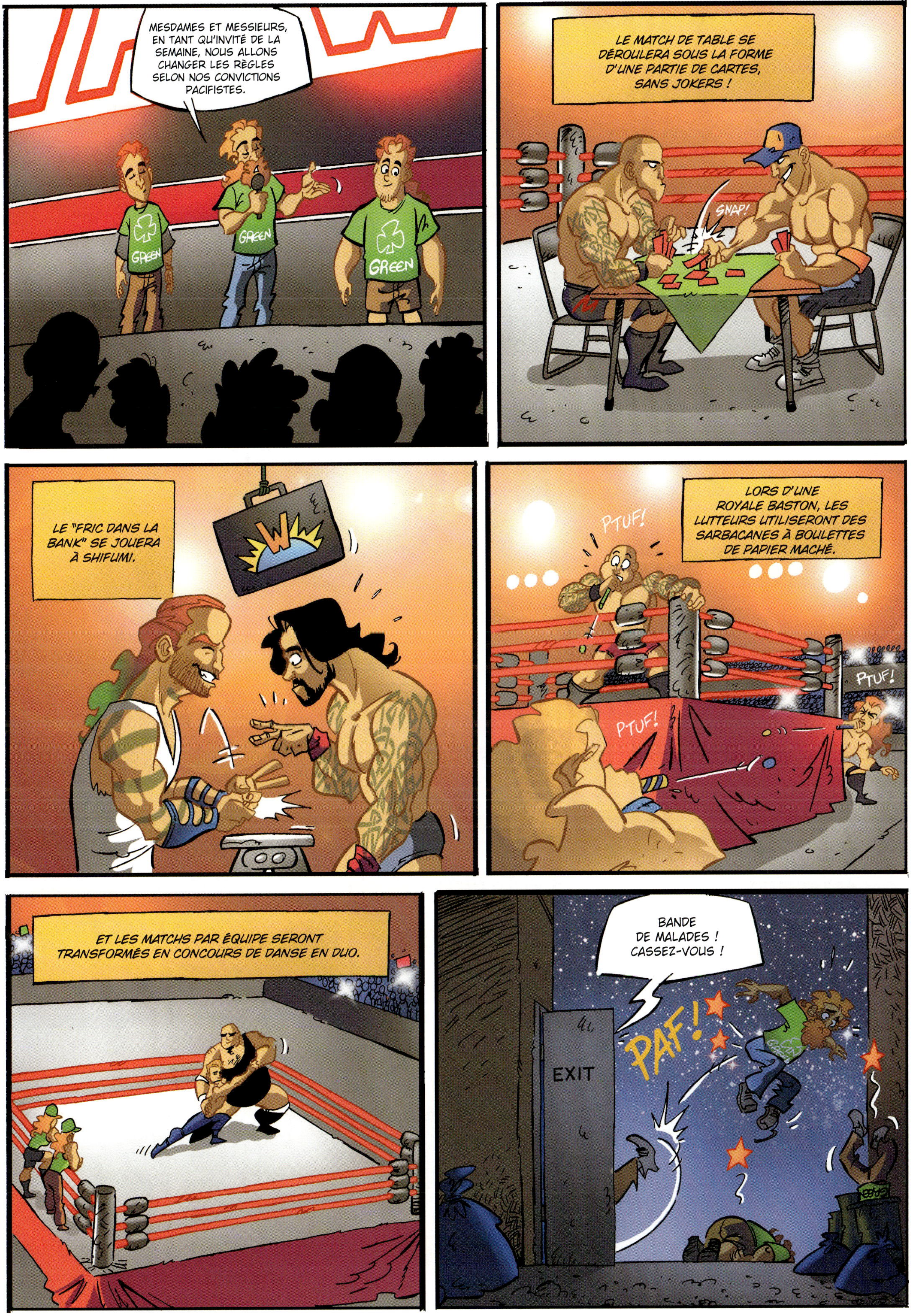
MESDAMES ET MESSIEURS, EN TANT QU'INVITÉ DE LA SEMAINE, NOUS ALLONS CHANGER LES RÈGLES SELON NOS CONVICTIONS PACIFISTES.
GREEN
GREEN
GREEN
LE MATCH DE TABLE SE DÉROULERA SOUS LA FORME D'UNE PARTIE DE CARTES, SANS JOKERS !
SNAP!
LE "FRIC DANS LA BANK" SE JOUERA À SHIFUMI.
LORS D'UNE ROYALE BASTON, LES LUTTEURS UTILISERONT DES SARBACANES À BOULETTES DE PAPIER MACHÉ.
PTUF!
PTUF!
PTUF!
ET LES MATCHS PAR ÉQUIPE SERONT TRANSFORMÉS EN CONCOURS DE DANSE EN DUO.
BANDE DE MALADES ! CASSEZ-VOUS !
EXIT
PAF!

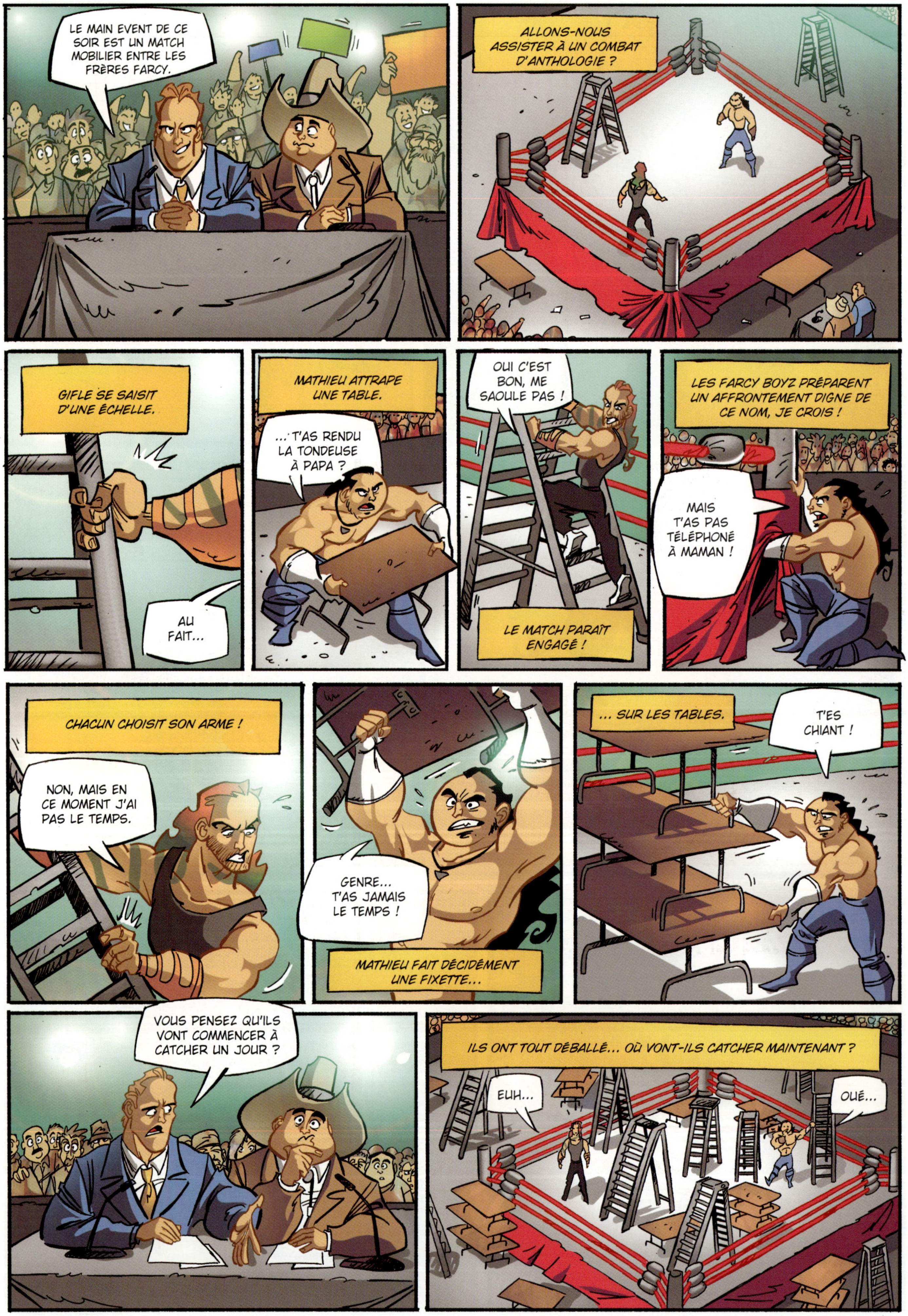
LE MAIN EVENT DE CE SOIR EST UN MATCH MOBILIER ENTRE LES FRÈRES FARCY.
ALLONS-NOUS ASSISTER À UN COMBAT D'ANTHOLOGIE ?
GIFLE SE SAISIT D'UNE ÉCHELLE.
AU FAIT...
MATHIEU ATTRAPE UNE TABLE.
... T'AS RENDU LA TONDEUSE À PAPA ?
OUI C'EST BON, ME SAOULE PAS !
LE MATCH PARAÎT ENGAGÉ !
LES FARCY BOYZ PRÉPARENT UN AFFRONTEMENT DIGNE DE CE NOM, JE CROIS !
MAIS T'AS PAS TÉLÉPHONÉ À MAMAN !
CHACUN CHOISIT SON ARME !
NON, MAIS EN CE MOMENT J'AI PAS LE TEMPS.
GENRE... T'AS JAMAIS LE TEMPS !
MATHIEU FAIT DÉCIDÉMENT UNE FIXETTE...
... SUR LES TABLES.
T'ES CHIANT !
VOUS PENSEZ QU'ILS VONT COMMENCER À CATCHER UN JOUR ?
ILS ONT TOUT DÉBALLÉ... OÙ VONT-ILS CATCHER MAINTENANT ?
EUH...
OUÉ...

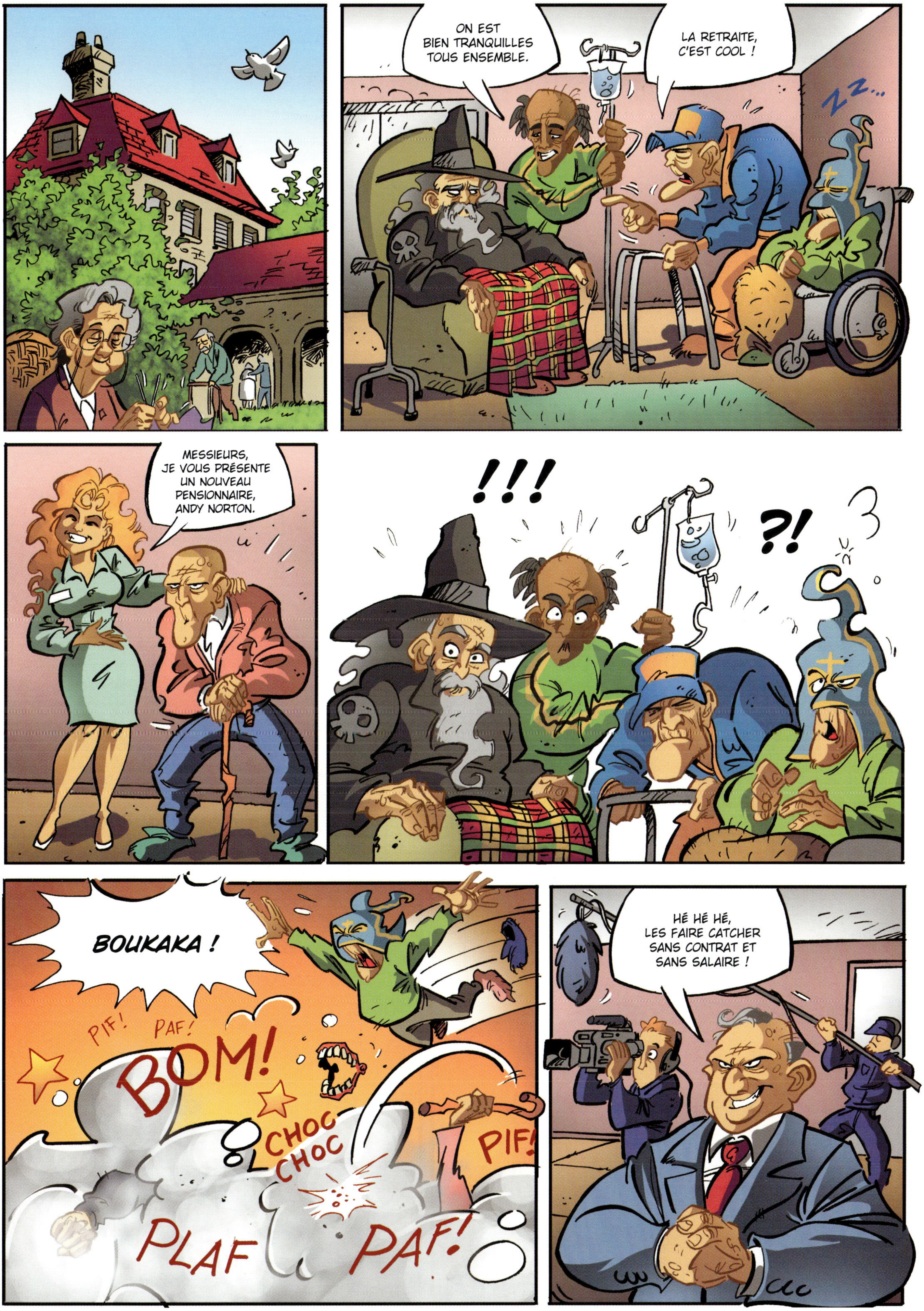
ON EST BIEN TRANQUILLES TOUS ENSEMBLE.
LA RETRAITE, C'EST COOL !
ZZ...
MESSIEURS, JE VOUS PRÉSENTE UN NOUVEAU PENSIONNAIRE, ANDY NORTON.
!!!
?!
BOUKAKA !
PIF! PAF!
BOM!
CHOC CHOC
PIF!
PLAF
PAF!
HÉ HÉ HÉ, LES FAIRE CATCHER SANS CONTRAT ET SANS SALAIRE !

LE PROCHAIN NUMERO !!!

PRINCIPE DE JEU :

"WORLD CATCH MANIA GAME CARDS" EST UN JEU DE CARTES DANS LEQUEL LES JOUEURS S'AFFRONTENT SOUS FORME DE CATCHEURS, CHACUN LEUR TOUR.
IL NÉCESSITE UNE PAIRE DE DÉS.
LE PREMIER JOUEUR DONT LA CARTE "CATCHEUR" N'A PLUS DE POINTS DE VIE, A PERDU LA PARTIE.

REGLES DU JEU :

INFORMATION SUR LES "GAME CARDS" :

LA CARTE "CATCHEUR" :

LA CARTE CATCHEUR REPRÉSENTE UN CATCHEUR. EN BAS DE LA CARTE SONT INSCRITS SES POINTS DE VIE (PV), SON TYPE ET SON NOMBRE DE CARTES DIVISIONS NÉCESSAIRES ET SES POINTS D'ATTAQUE (PA).

LES CARTES "DIVISION" :

IL EXISTE DEUX TYPES DE CARTES "DIVISION", "ROUGE" ET "BLEUE". LES JOUEURS PLACENT CES CARTES EN FONCTION DU NOMBRE ET DU TYPE DE DIVISION INSCRITS EN BAS DE LA CARTE "CATCHEUR". SI IL EST INSCRIT DIV 3 EN BLEU, LE JOUEUR DEVRA PLACER TROIS CARTES "DIVISION" BLEUES POUR ENGAGER SA CARTE CATCHEUR.

LA CARTE "PRISES" :

LA CARTE "PRISES" RAJOUTE DES DÉGATS À L'ATTAQUE D'UN JOUEUR. ELLE DOIT ETRE PLACÉE APRÈS LE LANCÉ DE DÉ DE L'ATTAQUANT.
LE JOUEUR DEVRA LANCER LES DÉS POUR DÉTERMINER QUELLE PRISE SERA EFFECTUÉE SUR L'ADVERSAIRE.
DE 1 À 3 : PRISE = LA CORDE À LINGE +10POINTS
DE 4 À 7 : PRISE = LE DROP KICK +20POINTS
DE 8 À 10 : PRISE = LE SPEAR +30POINTS
DE 11 À 12 : PRISE = SAUT DE LA TROSIÈME CORDE +40POINTS

LA CARTE "PRISE DE FINITION" :

LA CARTE "PRISE DE FINITION" A LES MÊMES FONCTIONS QUE LA CARTE "PRISES". MAIS ELLE RAJOUTE +50POINTS DE DÉGATS À L'ATTAQUE.

LA CARTE "CONTRE" :

LA CARTE "CONTRE" PERMET DE CONTRER N'IMPORTE QUEL ASSAUT DE L'ADVERSAIRE. ELLE DOIT ÊTRE DISPOSÉE APRÈS UNE ATTAQUE DE L'ADVERSAIRE ET A POUR EFFET D'ANNULER L'ATTAQUE ET LES DÉGATS QU'ELLE ENGENDRE, MÊME SI L'AVDERSAIRE DISPOSE D'UNE CARTE "PRISES" OU D'UNE CARTE "PRISE DE FINITION".